Landwirtschaftliche Schriftenreihe Boden · Pflanze · Tier

Herausgeber RUHR-STICKSTOFF AG, Bochum

Landwirtschaftliche
Schriftenreihe
Boden · Pflanze · Tier

Heft 19

Ackerfutterbau und Gründüngung haben Zukunft

Die Arten und ihr Wert
Anbauformen und Nutzung

Von Dr. Josef Esser
und Dr. Ernst Lütke Entrup

Herausgeber RUHR-STICKSTOFF AG, Bochum

LANDWIRTSCHAFTSVERLAG GMBH - MÜNSTER-HILTRUP

Bildnachweis:

Dr. Esser, Dr. Küppers-Sonnenberg, Littmann, Dr. Lütke Entrup, Michelmann, Dr. Nüllmann, Ruhr-Stickstoff AG, Saaten-Union

Landwirtschaftsverlag GmbH · Marktallee 89 · 4400 Münster-Hiltrup
Gesamtherstellung: Landwirtschaftsverlag GmbH · Münster-Hiltrup
Printed in Germany

ISBN 3 - 7843 - 1122 - 9

Inhaltsverzeichnis

Vorwort

Wo immer von dem gewaltigen Fortschritt der Landwirtschaft in den zurückliegenden drei Jahrzehnten die Rede ist, denkt man vor allem an die Steigerung der Erträge bei Getreide, Zuckerrüben, Kartoffeln und anderen Verkaufsfrüchten. Es ist wohl auch die Rede von der Leistungssteigerung je Tier oder von der höheren Produktivität je Fläche und vor allem je landwirtschaftlicher Arbeitskraft. Selten aber wird dabei bewußt, daß auch der Futterbau allgemein und insbesondere der **Feldfutterbau** an dieser Leistungssteigerung teilgenommen hat. Im gewissen Umfang hat er sogar aktiv zur Verbesserung der Leistung der übrigen Kulturfrüchte beigetragen.

Die Leistung vieler Futterpflanzenarten ist durch züchterischen Fortschritt erheblich verbessert worden. Auch hat man durch neue Erkenntnisse über verfeinerte Anbau- und Düngungsmethoden Wege gefunden, das genetische Leistungspotential besser auszuschöpfen. Unter vielen Standort-Bedingungen ist moderner Feldfutterbau durchaus mit Verkaufsfrüchten wettbewerbsfähig, wenn die Voraussetzungen zur Umwandlung in Veredlungsprodukte gegeben sind. Feldfutterbau ist aber nicht nur Selbstzweck; er entlastet intensive Fruchtfolgen und erhöht das Ertragsniveau der Verkaufsfrüchte. Er fördert allein durch den Rückstand an Wurzel- und Stoppelmasse die Bodenfruchtbarkeit über Verbesserung der Bodenstruktur und Zufuhr organischer Substanz. Er bedeutet eine Minderung der Verunkrautungsgefahr und hat darüber hinaus nachhaltige positive Auswirkungen auf Wasserhaltekraft und andere wichtige Eigenschaften des Bodens. Diesen Vorteil bringt Feldfutterbau auch, wenn er nicht Hauptfrucht, sondern nur Zweitfrucht oder Zwischenfrucht ist. Feldfutterbau muß in diesen Fällen gar nicht einmal anstelle einer anderen Hauptfrucht stehen, sondern kann auch zwischen zwei Verkaufsfrüchten seine vielfältige Leistung erbringen.

Selbst dort, wo kein Bedarf für Ackerfutter besteht — entweder weil gar kein Vieh gehalten wird oder absolutes Grünland als Hauptlieferant für Futter vorhanden ist — sind die Vorteile des Ackerfutterpflanzenbaus als **Gründüngung** nutzbar zu machen. Hier werden geeignete Arten zwischen zwei Hauptfrüchten angeboten, allein, um die Vorteile der Verbesserung der Bodeneigenschaften und der Auflockerung der Fruchtfolge zu nutzen. Daß diese Nutzung besondere Rücksicht auf die standörtlichen Bedingungen nehmen muß, versteht sich von selbst. Zwischenfrucht darf in niederschlagsarmen Gebieten nicht zum Konkurrenten in bezug auf das Bodenwasser gegenüber der folgenden Hauptfrucht werden.

Die Statistik zeigt, daß sowohl der Anbau von Feldfutterpflanzen im allgemeinen als auch der Anbau von **Zwischenfrüchten** neuerdings wieder zugenommen haben. Hierin kommt zum Ausdruck, daß die landwirtschaftliche Praxis den Nutzen dieser Pflanzen sehr wohl zu schätzen weiß. Dieses Heft will dazu beitragen, daß eine wichtige Gruppe von wertvollen Kulturpflanzen und ihre vielseitigen Verwendungsmöglichkeiten mehr Beachtung finden und dem Praktiker Hilfen für den nutzbringenden Anbau geben.

Zusammenfassende Übersichten erlauben den schnellen Überblick über die wichtigsten Eigenschaften der Arten. Wir wünschen diesem Buch — aus der Feder hervorragender Sachkenner — die ihm gebührende Aufmerksamkeit in der landwirtschaftlichen Praxis ebenso wie bei ihren Beratern.

I. Erläuterungen und Abkürzungen

TM	=	Trockenmasse
TKG	=	Tausendkorngewicht
g	=	Gramm
ha	=	Hektar
HNJ	=	Hauptnutzungsjahr
AJ	=	Ansaatjahr
dt (dz)	=	100 kg
t	=	tetraploid
GD	=	Gründüngung
⊙	=	einjährig
①	=	einjährig überwinternd
⊙̈	=	zweijährig
♃	=	mehrjährig

Nähere Auskünfte über die Sorten der beschriebenen Feldfutterpflanzen geben die jährlich neu erscheinenden „Beschreibenden Sortenlisten"

— Gräser und landwirtschaftliche Leguminosen

— Getreide, Mais, Ölfrüchte

— Hackfrüchte außer Kartoffeln

Herausgegeben vom Bundessortenamt im Alfred Strothe Verlag, Hannover

II. Artenbeschreibung

Deutsches Weidelgras (Engl. Raygras) Abb. 1
Lolium perenne ♃

Charakteristik. Das Deutsche Weidelgras eignet sich ausgesprochen für Weideansaaten. Bestimmte, mehr horstbildende frühschossende Formen kommen aber auch für den Feldfutterbau in Betracht. Es wird weniger in Reinsaat als vielmehr in auch beweidbaren Gemengen genutzt. Dabei wird seine schnelle Entwicklung in den ersten Jahren geschätzt, wenn es auch bei weitem nicht an die Erträge des Welschen Weidelgrases herankommt. Es hat große Konkurrenzkraft gegenüber seinen Mischungspartnern. Seine Ährchen sind im Gegensatz zu denen des Welschen Weidelgrases ohne Grannen.

Standortansprüche. Deutsches Weidelgras liebt nicht zu leichte, wohl aber frische, lehmige Böden mit gutem Bodenschluß. Auf ärmeren Böden oder in rauhen Lagen kommt es weniger als auf guten Böden des Flachlandes vor. Es liebt Luftfeuchte und braucht genügende Niederschläge.

Sorten. Das Sortiment umfaßt eine breite Spanne im Ährenschiebetermin von etwa Mitte Mai bis Mitte Juni. Dadurch unterscheiden sich die Sorten in der Reifezeit wie auch in der Ausdauer sehr stark. Für den Feldfutterbau eignen sich besonders die frühen Sorten „Mähtypen" mit kürzerer Lebensdauer. Im Gegensatz zu den Weidetypen sind sie allerdings weniger blattreich, sie bringen mehr Samenertrag. Diploide und tetraploide Zuchtsorten sind für diesen Zweck sehr gut brauchbar.

Bestellung. Saatzeit von Frühjahr bis Herbst. Reinsaatmenge 18 bis 24 kg/ha bei Drillsaat. Bei Breitsaat 20 % Saatzuschlag. TKG: diploid 2,0 g, tetraploid 3,8 g. Reihenabstand: 10—15 cm; Saattiefe: 1 bis 2 cm.

Düngung: Auf Reinsaaten oder beweideten Beständen mit häufiger Nutzung wirken sich 200—300 kg/ha N und mehr bei genügenden Niederschlägen ertragssteigernd aus. Zur harmonischen Düngung gehören auch 90 bis 120 kg/ha P_2O_5 sowie 200—300 kg/ha K_2O.

Ertrag. Bei guter Nährstoffversorgung werden in mehreren Schnitten (4) 400—600 dt/ha und mehr Grünmasse geerntet. Das sind insgesamt 80 bis 140 dt/ha Trockenmasse. Daran ist der erste Schnitt im Mittel mit 50 % beteiligt.

Verwertung. Die Schnittreife wird beim Erscheinen der Ähren erreicht. Nach Massenentwicklung des ersten Schnittes lassen die späteren Schnitte immer mehr nach.

Gründüngung. Das Deutsche Weidelgras hat eine ausgezeichneteWurzelleistung von 25—30 dt/ha TM. Durch die Ernterückstände wird der Boden — wie auch nach dem Umbruch von Samenschlägen — mit Humus angereichert und verbessert. Zu Gründüngungszwecken kann Deutsches Weidelgras auch als Untersaat unter Körnerfrüchte ausgesät werden.

Welsches Weidelgras (Italienisches Raygras) Abb. 2

Lolium multiflorum (italicum) ⊙ ① ⊙

Charakteristik. Welsches Weidelgras hat als sichere „Hochleistungsfutterpflanze" (KLAPP) große Bedeutung. Es ist horstbildend, sein Blütenstand ist eine lockere zweizeilige Ähre mit begrannter Deckspelze. Es steht zwischen Deutschem und Einjährigem Weidelgras, ist einjährig überwinternd und wird normal eineinhalb Jahre genutzt. Welsches Weidelgras ist das Gras des Feldfutterbaues, also nicht geeignet für Dauergrünland. Die Schnellwüchsigkeit des Grases erlaubt bei entsprechender Nachwuchskraft bis zu 6 Schnitte. Bei Frühjahrsaussaat hat es sortenbedingte Unterschiede in der Neigung zur Schosserbildung. Meist in Reinsaat genutzt, ist aber auch seine Verwendung in mannigfaltigen Gemengen vorteilhaft. Hierbei ist das starke Verdrängungsvermögen zu beachten.

Standortansprüche. Welsches Weidelgras ist sehr anpassungsfähig an Boden und Klima. Leichtere bis mittlere Böden in guter Kultur sagen ihm besonders zu. Es liebt Wärme und bevorzugt deshalb durchlässige Böden. Wichtig sind ausreichende Niederschläge, evtl. vorteilhaft durch Beregnung ergänzt.

Sorten. Bei der Auswahl geeigneter Sorten ist auf unterschiedliche Winterfestigkeit, Blattreichtum, Polyploide u. ä. zu achten. Das umfangreiche Sortiment umfaßt folgende Sortengruppen: früh, mittel, mittelspät.

Bestellung. Welsches Weidelgras kann fast zu jeder Zeit gesät werden. Am gebräuchlichsten ist Herbstaussaat. Dabei liegt die volle Nutzung im Jahr nach der Saat. Bei Frühjahrsaussaat besteht Gefahr des Fritfliegenbefalls. Zur Herbstnutzung wird schon ab Juli, sonst Ende Juli—15. August, für Gründüngung auch noch Anfang September ausgesät. Reinsaatmenge: 30—40 kg/ha, später bis 50 kg/ha. Möglichst entgrannte Saat. TKG: diploid 2,0; tetraploid 4,0. Reihenabstand 15 bis 20 cm. Saattiefe 1—2 cm.

Düngung. Welsches Weidelgras ist ein „Stickstofffresser". Mehrfache Nutzungen verlangen reichliche Düngung. Bei 4—5 Schnitten sind insgesamt 300—400 kg/ha N angezeigt, bei nur einem Schnitt reichen 100 bis 150 kg/ha N. Faustzahl: 100 kg/ha N je Aufwuchs. Dazu sind 90 bis 120 kg/ha P_2O_5 und 200—300 kg/ha K_2O erforderlich.

Ernte. Ab Mitte Mai kann bis Ende Oktober geerntet werden. Insgesamt sind 700—1 000 dt/ha Grünmasse, entsprechend 150—180 dt/ha Trockenmasse, zu erwarten. Davon liegt der Hauptanteil beim 1. Schnitt (Ø 80 dt/ha TM).

Verwertung. Keine andere Grasart ist so vielseitig zu verwenden wie das Welsche Weidelgras. Im Mai stellt es hochwertiges, gern gefressenes Futter zur Verfügung, kann aber bald danach als Heu oder zu Silofutter geschnitten werden. Nach leichtem Anwelken führt der hohe Zuckergehalt zu guter Silage. Es eignet sich zur künstlichen Trocknung wie als kurzfristige Weide.

Im Hauptfruchtbau folgen nach entsprechender Düngung weitere Futterschnitte (4—5), oder es wird vom zweiten Aufwuchs Samen gewonnen. Bei sehr früher Aussaat ist schon eine Vornutzung im Herbst als eiweißreiche Weide gegeben.

Im Zwischenfruchtbau wird nur der erste Schnitt, nicht zu spät, geerntet, um einer nachfolgenden Zweitfrucht Platz zu machen. Neuerdings wird Welsches Weidelgras zunehmend als Stoppelsaat ausgebracht.

Noch im Herbst werden Erträge von 150—200 dt/ha Grünmasse entsprechend 25—30 dt/ha TM erzielt. Bei Bedarf besteht die Möglichkeit eines guten Frühjahrsschnittes.

Auch als Untersaat bildet das Gras nach Räumung der Deckfrucht, ohne den Mähdrusch zu gefährden, eine grüne Decke. Bei guter Stickstoffversorgung wird so auf einfache Weise zum mindesten eine vorzügliche Gründüngung erreicht.

Gründüngung. Welsches Weidelgras, das oberirdisch und in der Wurzelmasse bis zu 70 dt/ha bzw. 25—30 dt/ha Wurzeltrockenmasse hinterläßt, ist eine vorzügliche Gründüngungspflanze. Eigens zur Gründüngung können insbesondere in Rübenbaugebieten noch spät Welsches Weidelgras allein oder eine Mischung mit Einjährigem Weidelgras ausgesät werden. Dafür eignen sich am besten frühe Sorten.

Bastardweidelgras 3

Lolium x *hybridum* Hauskn. ⊙

Charakteristik. Als Kreuzung von Deutschem Weidelgras mit Welschem Weidelgras steht „Bastardweidelgras" mit seinen Eigenschaften zwischen diesen beiden. Die Bastardweidelgräser haben entweder Begrannung wie das Welsche Weidelgras oder sind grannenlos und gleichen mehr dem Deutschen Weidelgras; dazwischen gibt es Übergänge. Allgemein sind sie blattreicher und frohwüchsiger als Deutsches Weidelgras, dazu aber auch etwas längerlebiger als Welsches Weidelgras, da sie wenigstens dreimal überwintern können. Im Hinblick auf Standortansprüche, Bestellung, Düngung, Ernte und Verwendung nehmen die Bastardweidelgräser eine Mittelstellung zwischen den beiden Ausgangsarten ein. Sie sind insbesondere im mehrjährigen Feldfutterbau und für Kleegrasgemenge (3 Jahre) gut geeignet.

Standortansprüche. Fruchtbare, gut feuchtigkeitshaltende Böden. Reinsaatmenge: 35—40 kg/ha; Reihenabstand: 15 cm; Saattiefe 1—2 cm; TKG 2,3—3,8 g.

Sorten. In der beschreibenden Sortenliste Gräser und landwirtschaftliche Leguminosen des Bundessortenamtes ist z. Z. nur eine Sorte eingetragen, die dem Deutschen Weidelgras nähersteht und unbegrannt ist. Nach neuer Zuchtmethode hergestellte F_1-Hybridgräser haben wahrscheinlich deutlich höhere Erträge als die bisherigen Bastardgräser. Sie sind noch etwas länger ausdauernd (3—4 Jahre) und haben fast gleichhohen Eiweißgehalt wie Deutsches Weidelgras.

Düngung s. Welsches und Deutsches Weidelgras

Ernte in der Regel wie beim Welschen Weidelgras. Die Erträge kommen im 1. Nutzungsjahr an Welsches Weidelgras heran. Auch im 2. und 3. Hauptnutzungsjahr gibt es noch annehmbare Erträge. Im jährlichen Durchschnitt 4 Schnitte 400—700 dt/ha Grünmasse oder 80—140 dt/ha Trockenmasse.

Verwertung. Für Daueransaaten nicht geeignet. Gut geeignet für Klee-Gras-Gemenge. Vielseitige Nutzungsmöglichkeiten als Silage und Heu wie zur Grünverfütterung und Trocknung.

Gründüngung. Wie die beiden anderen Weidelgrasarten kann auch Bastardweidelgras im Gründüngungsbau Verwendung finden.

Einjähriges Weidelgras (Westerwoldisches Raygras) 4

Lolium multiflorum, ssp. *westerwoldicum* ⊙

Charakteristik. Während es im Welschen Weidelgras *(multiflorum)* bei Frühjahrsaussaat Übergänge in der Schoßbereitschaft gibt, wurde im Einjährigen Weidelgras eine in dieser Hinsicht extreme Form gefunden, die nach dem Fundort auch als Westerwoldisches Weidelgras bezeichnet wird. Lange Zeit kaum beachtet, hat dieses kurzlebige Gras aber dank seiner besonderen Nutzungsmöglichkeiten in den letzten Jahren an Bedeutung zugenommen. Es unterscheidet sich deutlich vom Welschen Weidelgras durch seine Schnellwüchsigkeit. Dieses nicht winterfeste Gras ist nur **einjährig.** „Sommergras". Es kommt im Ansaatjahr zur Blüte und bildet Ähren und Samen aus. Selbst die späteren Aufwüchse bringen noch gerne Schoßtriebe.

Standortansprüche. Die oft sehr beachtlichen Erträge sind recht witterungs- und bodenabhängig und deshalb nicht immer sicher. Der Standort soll nicht zu trocken sein (Beregnung), aber auch nicht leicht verschlämmen. Nährstoffreiche Böden sind besonders geeignet. Überfahren mit schweren Geräten wird schlecht vertragen.

Sorten. Die ursprüngliche Landrasse ist sehr frohwüchsig, aber blattarm. Heute stehen diploide und tetraploide Zuchtsorten für verschiedene Zwecke zur Verfügung, die nach dem Ährenschieben eingeteilt werden in: frühe, mittelfrühe und mittelspäte Sorten. Tetraploide Sorten sind zwar etwas frosthärter, eignen sich aber auch nicht zu längerer Nutzung. Frühe Sorten werden bei Stoppelsaat und zur Gründüngung bevorzugt.

Bestellung. Im zeitigen Frühjahr so früh wie möglich aussäen. Als **Hauptfrucht** vermag es im Frühjahr Futterlücken schnell zu schließen („Sechswochengras"). Bei großer, allerdings witterungsabhängiger Nachwuchsfreudigkeit können 3 bis 4 Schnitte folgen. Samen wird entweder vom 1. oder vom 2. Aufwuchs geerntet. Als **Zwischenfrucht** kann Einjähriges Weidelgras auch noch bis Anfang August, immer dann, wenn schnell Futter beschafft werden muß, ausgesät werden. Als **Gründüngung** kann die Saat noch relativ spät im August vorgenommen werden. **Untersaat** unter frühräumende Deckfrüchte (Grünroggen, Grünhafer) zum anschließenden Begrünen ist möglich. Das Untersaatverfahren mit nur 6 kg/ha in Körnergetreide zum Ausreifen und Ausfallen hat sich wegen der Unsicherheit aber nicht eingeführt.

Reinsaatmenge 50 kg/ha. TKG: ca. 3 g. Möglichst entgrannte Saat.
Reihenentfernung 15—20 cm. Saattiefe 1—2 cm.

Düngung. Wie alle Weidelgräser, so verlangt auch Einjähriges Weidelgras hohe Düngergaben, insbesondere braucht es reichlich Stickstoff. Je nach Anbauform sind 200—300 kg/ha N erforderlich; auf N-Steigerung spricht das Gras gut an. Dazu sind 100—150 kg/ha P_2O_5 und 200—300 kg/ha K_2O zu verabreichen.

Ernte. Geerntet wird beim Beginn des Ährenschiebens (später als Welschgras) nach etwa 70 Tagen Entwicklungszeit. Die Erträge schwanken je nach Anbauform und Schnittzahl stark. Als Hauptfrucht liefern 4 bis 5 Schnitte 500—700 dt/ha Grünmasse, unter besten Bedingungen auch weit darüber liegend; das sind 80—120 und mehr dt/ha Trockenmasse. Davon entfallen $^2/_3$ allein auf die beiden ersten Schnitte.

Im Zwischenfruchtbau kann mit 150—200 dt/ha Grünmasse, d. s. 20—30 dt/ha TM, gerechnet werden.

Verwertung. Das Gras wird vorwiegend grün verfüttert, es dient aber auch zur Heugewinnung und zur Silagebereitung, kann getrocknet werden und ist außerdem beweidbar.

Gründüngung

Einjähriges Weidelgras ist eine ideale Gründüngungspflanze besonders auch für Rübenbaugebiete, da es sich normalerweise im Winter selbst „verabschiedet". Seine Gründüngungsleistung ist hervorragend im Hinblick auf den Humusgehalt sowie zur Verbesserung der physikalischen Eigenschaften des Bodens. Die Ernterückstände betragen 50—60 dt/ha TM, im Zwischenfruchtbau noch 25—30 dt/ha TM mit über 20 dt/ha Wurzelmasse; selbst nach vorherigem Abweiden eine beachtliche Zufuhr an organischer Substanz.

Glatthafer (Französisches Raygras) Abb. 5

Arrhenaterum elatius L., *Avena elatior* L. ♃

Charakteristik. Ausgesprochenes Gras des Feldfutterbaues bzw. trockener Wiesen, nur zur Mähnutzung. Sehr hochwachsendes (50—100 cm), horstbildendes, mehrjähriges Obergras mit großem Massenwuchs. Für Weidezwecke nicht verwendbar. Blütenstand haferähnliche Rispe, stark gekieltes Blatt. Ziemlich schnelle Anfangsentwicklung.

Standortansprüche. Wärmeliebendes Gras, daher kalkhaltige, nicht zu nasse und zu schwere Mineralböden bevorzugend. Da ziemlich tiefwurzelnd, auch für trockenere Lagen geeignet.

Sorten. Wenige Zuchtsorten mit nicht allzu großen Unterschieden.

Bestellung. Wegen der Grannen läßt sich Glatthafer schlechter drillen. Reinsaatmenge 25—40 kg/ha, TKG 2,8—3,6 g. Reihenabstand 20 cm, Saattiefe 1—2 cm. Reinsaat seltener, wohl aber in Hauptfrucht-Kleegrasgemengen, auch mit Luzerne. Glatthafer setzt sich in Mischungen gut durch.

Düngung. Sehr düngerdankbar. 200—300 kg/ha N, 90—120 kg/ha P_2O_5, 200—300 kg/ha K_2O.

Ernte. Da früh austreibend und mit großem Stengelanteil zur Zeit des Rispenschiebens, muß rechtzeitig geschnitten werden. Schneller Nachtrieb, so daß drei Schnitte möglich sind. Ertragserwartung 600—800(—900) dt/ha oder 130—140 dt/ha TM. Relativ starker Anteil des 1. Schnittes am Gesamtjahresertrag.

Verwertung. Vielseitig verwendbar. Bei Grünverfütterung wegen Bitterstoffe nicht so gerne gefressen, daher bevorzugt in Gemengen mit anderen Futterpflanzen. Liefert gutes Heu. Auch Silierung möglich, nicht dagegen Beweidung. Mittlerer Futterwert.

Gründüngung. Hinterläßt mittlere bis hohe Ernterückstände, daher gute Gründüngungsleistung und gute Vorfruchtwirkung.

Knaulgras Abb. 6

Dactylis glomerata L. ♃

Charakteristik. Knaulgras ist unter allen Gräsern an der steif aufrecht stehenden Rispe mit geknäueltem Blütenstand und der deutlich gefalteten Blattanlage gut erkennbar. Ausgeprägte Frohwüchsigkeit und Massenwuchs empfehlen es für den Futterbau. Hier kann es trotz seiner Ausdauer auch kurzfristig genutzt werden. Es ist winterfest, frühe Sorten sind etwas frostempfindlich. Weitere Merkmale sind ziemliche Trockenheits- und Schattenverträglichkeit. Relativ flachwurzelnd. Zu Unrecht verrufen ist es wegen der starken Verkieselung der Blätter, namentlich des Blattrandes im vorgerückten Wuchsstadium. Bei richtiger Wahl neuerer Zuchtsorten und naturgemäßer Nutzung kommen seine vorzüglichen Eigenschaften sehr vorteilhaft zur Geltung.

Standortansprüche. Knaulgras ist sehr anpassungsfähig und hat eine fast universale Streubreite von mäßig trockenen bis zu leicht feuchten, frischen Lagen. Bevorzugt werden nährstoffreiche Böden, wenig geeignet sind dagegen arme Sandböden mit Rohhumusauflage.

Sorten. Während ältere Sorten sehr zur Verkieselung und Hartwerden neigten, zeichnen sich neuere blattreiche Sorten durch „weichere" Blätter mit geringer Bezahnung aus. Es gibt große Unterschiede im Zeitpunkt des Ährenschiebens, die für den Wert dieser Futterpflanze maßgebend sind. Für kürzere Nutzung können frühere Sorten vorteilhaft sein, mittelspäte und späte Sorten werden für den Futterbau vorgezogen, besonders auch für einen gemeinsamen Anbau mit Leguminosen im Kleegrasbau.

Bestellung. Das Knaulgras kann als Unter- oder Stoppelsaat im Herbst oder im Frühjahr in Blanksaat ausgebracht werden. Reinsaatmenge 20 bis 24 kg/ha, TKG: 1—1,3 g, Reihenabstand 20 cm (oder enger), Saattiefe 1 cm.

Düngung. Das Gras — verhältnismäßig anspruchslos — nutzt aber Stickstoffgaben von 200—300 kg/ha N gut aus. Es verträgt auch Gülledüngung. 90—120 kg/ha P_2O_5 und 200—300 kg/ha K_2O.

Ernte. Knaulgras hat ein gutes Ertragsvermögen, das sehr vom Blatt-Stengelverhältnis abhängig ist. A und O des zünftigen Knaulgrasanbaues ist seine rechtzeitige, dem Wachstumsrhythmus angepaßte Mähnutzung. Der erste Schnitt muß früh vor dem Ährenschieben erfolgen. Dadurch sind gute Futterqualität und erstaunliche Nachwuchsfreudigkeit gewährleistet. So liefert das Gras im Hauptnutzungsjahr 4—5 Schnitte. Der erste Schnitt bringt bereits über die Hälfte des Jahresertrages. 600—800 dt/ha Grünmasse, entsprechend 100—150 dt/ha Trockenmasse.

Verwertung. Bei hohem Blattanteil hat Knaulgras gute Gehalte an verdaulichen Nährstoffen. Im jungen Zustand gut frisch zu verfüttern, wird es im fortgeschrittenen Stadium überständig und bei stärkerer Verkieselung nur ungern aufgenommen, sein Wert wird geringer. Einseitige Knaulgrasfütterung kann zu Erkrankung der Tiere führen. Knaulgras kann geheut und siliert werden, es kommt auch für Beweidung und technische Trocknung in Frage.

Gründüngung. Knaulgras hat mit seinen oberirdischen Ernterückständen und mäßiger Wurzelmasse gute Gründüngungsleistung.

Wiesenschwingel Abb. 7

Festuca pratensis Huds. ♃

Charakteristik. Der Wiesenschwingel ist eine vielseitige und wichtige Grasart. Hauptsächlich für Grünlandansaaten geeignet, kann er auch im Feldfutterbau verwendet werden. Das bodenblattreiche, lockerhorstige Obergras ist nicht ganz so ausdauernd wie Deutsches Weidelgras. Von schnellwüchsigen Partnern wird es leicht unterdrückt. Weil es selbst nicht verdrängend wirkt, ist es für kurzfristigere Futtergemische gut geeignet. Es ist ziemlich früh austreibend und auch früh blühend. Mehrschnittig, trittfest und mittel winterhart. Der blattreiche Nachwuchs hat wenig Stengel.

Standortansprüche. Wiesenschwingel hat eine große ökologische Streubreite, bevorzugt aber frische Mineral- und Moorböden. Zu trockene und nährstoffarme Böden sind nicht geeignet. Er ist empfindlich gegen Dürre und gegen Staunässe.

Sorten. Die höherwachsenden frühen Wiesenformen kommen mehr für den Feldfutterbau in Frage. Die Spanne des Ährenschiebens ist beim Wiesenschwingelsortiment nicht so breit.

Bestellung. Saatzeit von Frühjahr bis Herbst. Reinsaatmenge 30—35 kg/ha, Reihenabstand 20 cm, Saattiefe 1—2 cm, TKG: 1,8—2,0 g.

Düngung. Je nach Schnitthäufigkeit 200—300 kg/ha N, 90—120 kg/ha P_2O_5 und 200—300 kg/ha K_2O.

Ernte. Vor der Blüte schneiden. Drei Schnitte pro Jahr sind möglich. Ertragserwartung im langjährigen Durchschnitt 400—600(—700) dt/ha Grünmasse oder 80—120(—140) dt/ha TM. Wiesenschwingel steht im Ertragsvergleich meist an 6. Stelle, liefert aber ein hochwertiges, gehaltreiches, gerne gefressenes Futter.

Verwertung. Das Gras dient zur Grünverfütterung — auch Beweidung — und ist geeignet zur Heubereitung und Silagegewinnung ebenso wie zur technischen Trocknung.

Gründüngung. Neben der guten Vorfruchtwirkung nach Umbruch bereichert das Gras den Humusgehalt des Bodens.

Lieschgras Abb. 8

Wiesen-Lieschgras (Timothe), *Phleum pratense* L. ♃

Charakteristik. Als ertragreiche Grasart spielt Lieschgras im Feldfutterbau eine Rolle, allerdings mehr in Gemischen als in Reinsaat. Es kommt in mehrjährigen Kleegrasbeständen mit Vorteil zur Anwendung, wo es keine Verdrängungskraft hat. Insgesamt hat es aber nur mittlere Bedeutung. Das lockere Horste bildende Obergras ist an seiner walzenförmigen Scheinähre und im späten Wachstumsstadium an seiner bläulich-graugrünen Blattfarbe ziemlich leicht zu erkennen. Bei schneller und sicherer Keimung entwickelt es sich in seiner Jugend langsam. Ausgesprochen nässe- und winterhart, verträgt es noch späte Saat im Herbst.

Standortansprüche. Lieschgras liebt schwere Böden, die Feuchtigkeit halten. Feuchte oder kühle Gebiete sowie Moore und höhere Berglagen sind noch geeignet. Für hohe Niederschläge ist es empfänglich und auch für Beregnung.

Sorten. Fast alle unsere Lieschgrassorten eignen sich für den Feldfutterbau. Sie sind überwiegend hochwachsend und sehr ertragreich. Im Feldfutterbau interessieren hauptsächlich die frühen bis mittelfrühen Sorten.

Bestellung. Der feine Samen verlangt bei der Aussaat ein gut vorbereitetes Saatbett und gerät am besten bei Spätsommeraussaat. Reinsaatmenge 10—12 kg/ha. TGK: 0,5 g. Reihenabstand 15—20 cm. Saattiefe flach. Vor und nach der Saat Walzenstrich.

Düngung. Gute Nährstoffversorgung ist Voraussetzung für üppiges Wachstum: Bei Mehrschnittnutzung sind 200—300 kg/ha N sowie 90—120 kg/ha P_2O_5 und 200—300 kg/ha K_2O angezeigt. Je nach Kleeanteil ist der Stickstoff in Kleegrasgemischen zu reduzieren.

Ernte. Vor Beginn der relativ späten Blüte muß geschnitten werden. Späterer Schnitt hätte sonst schnelle Verholzung und nur zögernden Nachtrieb zur Folge. 2—3 Schnitte im Jahr sind möglich. Ertragserwartung je nach Schnittzahl 300—500(—700) dt/ha Grünmasse, das sind 70—120 (bis 150) dt/ha TM. An der Gesamterntemenge ist der 1. Schnitt mit ca. 70 % beteiligt. Im Ertragsvergleich mit anderen ausdauernden Ackerfuttergräsern konnte Lieschgras im langjährigen Durchschnitt den 3. Platz belegen.

Verwertung. Rechtzeitig beerntet, bringt das Lieschgras sehr hochwertiges Grünfutter. Das Gras kann außerdem zur Heugewinnung und auch für Silage und künstliche Trocknung verwendet werden und ist auch weidefähig.

Gründüngung. Mit relativ schwachem Wurzelwerk bringt es nach Umbruch etwas geringere Ernterückstände und ist entsprechend in der Gründüngungsleistung zu bewerten. Der Vorfruchtwert ist gut.

Grünroggen

Secale cereale L. ①

Charakteristik. Winterroggen wird im Winterzwischenfruchtbau auch zur Grünfuttergewinnung verwandt. Mit großem Blattreichtum (und sehr guter Winterfestigkeit) verbindet er als ziemlich frühes Futter vor allem Ertragssicherheit. Außerdem ist er einfach und billig in der Bestellung und kaum krankheitsanfällig.

Standortansprüche. Universalpflanze, bringt selbst auf leichtesten Böden gute Futtererträge.

Sorten: Die verbreitetsten Sorten Winterroggen sind für diesen Zweck gut geeignet, besonders blattreiche, spät ährenschiebende, frühreife, auch tetraploide Zuchtsorten.

Bestellung. Ausgesät wird in ein gut abgesetztes Saatbett zur normalen Roggensaatzeit, nicht zu früh wegen Fritfliegengefahr. Saatgut beizen. Reinsaatmenge bei diploiden Sorten 180—200 kg/ha, bei tetraploiden Sorten 240—300 kg/ha. TKG: diploid 30—35; tetraploid ca. 50 g.

Vom Körnerroggen unterscheidet sich Grünroggen in der Bestandesdichte. Reihenabstand 15 cm, gedrillt. Saattiefe etwa 1—2 cm. (Die Saatkosten sind gering.)

Düngung. Wie bei allen blattreichen Futterpflanzen ist der Stickstoff für den Ertrag ausschlaggebend. Hohe Stickstoffgaben von 160—200 kg/ha N werden zu $^1/_3$ vor der Saat und $^2/_3$ bei Vegetationsbeginn gegeben. N-Steigerungen haben sich als sehr wirksam erwiesen. Auch kann Stallmist- oder Gülledüngung mit der Saatfurche im Herbst eingepflügt werden. Reichliche Grunddüngung: 90—120 kg/ha P_2O_5 und 200—300 kg/ha K_2O. Durch entsprechende Düngung wird frühzeitiger Schnitt gesichert, die Verholzung etwas hinausgeschoben und damit die Fütterungszeit etwas verlängert.

Ernte. Die Nutzung erfolgt ab ca. 60 cm Höhe, sie kann durch hohe N-Gabe vorverlegt werden. Vom Beginn des Schossens bis zum Sichtbarwerden der Grannenspitzen, normalerweise etwa von 25. April—15. Mai. Je nach Stickstoffmenge werden 300—400 dt/ha Grünmasse geerntet, entsprechend 90—100 dt/ha Trockenmasse. Im Interesse der Nachfrucht sollte bewußt auf höchste Trockenmasseerträge verzichtet werden, auch um die Winterfeuchtigkeit nicht überzubeanspruchen.

Verwertung. Bei sehr üppigem Wuchs im Herbst Vorweide mit Schafen möglich. Optimaler Schnittzeitpunkt als zeitiges Grünfutter gleich nach Rübsen und Raps bringt reibungslosen Übergang von der Winterfütterung zum Weidegang. Die Ernte kann durch verschiedene Saatzeiten und Sorten verlängert werden. Sonst rasche Veränderung des Nährstoffgehaltes. Im jungen Zustand hat Grünroggen einen guten Futterwert, der durch Beisaat von Welschem Weidelgras oder Winterwicken o. ä. noch verbessert werden kann.

Gründüngung. Die oberirdischen Ernterückstände und Wurzelreste (Wurzelmasseertrag 18 dt/ha TM) sind bei Grünroggen beachtlich. Wertvoll ist die Roggendecke im Winter als Bodenschutz. Der Vorfruchtwert ist trotz starker Beanspruchung der Nährstoffe recht gut. Außerdem räumt diese Frucht den Acker relativ früh, so daß viele Nachbaumöglichkeiten gegeben sind (Zweitfrüchte wie Kohlrübe, Mais, Markstammkohl usw.). Doch ist dies vom Standort abhängig. Grünroggen kann auch eine ideale Deckfrucht für verschiedene Untersaaten sein, die in eine Futterfruchtfolge hineinpassen.

Grünhafer 10

Avena sativa L. ⊙

Charakteristik. Grünhafer wird im Gegensatz zum körnerreifen Hafer im grünen Zustand zu Futterzwecken genutzt, z. B. als Ergänzung der Sommerstallfütterung oder auch zum Silieren. Als Grünfutterpflanze ist Hafer eine „Frühjahrs"-Zwischenfrucht. Die blattreiche Getreideart findet vor allem dort Verwendung, wo in futterarmen Zeiten schnell Futtermassen erzeugt werden müssen und wo Silomais unsicher ist. In Kombination mit Grünmais ist sie eine gute Ergänzung und damit ein Sicherheitsfaktor für den Futterbau.

Standortansprüche. Hafer stellt keine besonderen Ansprüche an Boden und Klima. Frische mittlere Böden sind besonders gut geeignet, sein Anbau ist aber nahezu überall möglich, auch in regenreichen Mittelgebirgslagen.

Sorten. Praktisch kommen alle Körnerhafersorten in Frage. Spezialsorten für die Grünnutzung gibt es nicht.

Bestellung wie Körnerhafer. Zur Vorverlegung der Ernte wird so früh wie möglich (März/April) ausgesät. Reinsaatmenge 150—180 kg/ha. TKG: 30—45 g. Beliebt sind auch Gemenge. Bei Verwendung des Hafers als Deckfrucht für Neuansaaten wie Klee, Kleegras und Gräser („Futterfruchtfolge") wird die Aussaatmenge etwas verringert. Reihenabstand 18—20 cm, Saattiefe 2—3 cm.

Düngung. Bei verhältnismäßig kurzer Vegetationszeit verlangt Grünhafer ausreichende Nährstoffversorgung. Optimal sind 100 kg/ha N. Stickstoffsteigerung bis 200 kg/ha N ist möglich, sie bringt eine Erhöhung von Rohprotein- und Carotingehalt bei Hemmung der Zuckerbildung und eine Verschiebung des Erntetermins um bis zu einer Woche. Grunddüngung: 90—120 kg/ha P_2O_5 und 200—300 kg/ha K_2O.

Ernte. Grünhafer benötigt eine Entwicklungszeit von 70—90 Tagen. Er wird vom Erscheinen der ersten Rispen an bis zur Milchreife geschnitten.

Frischverfütterung ist nur kurze Zeit möglich. Die grüne Haferpflanze hat im jungen Zustand höhere Futterwerte als der ausgereifte Körnerhafer. Die Ertragserwartung liegt bei 260—320 dt/ha Grünmasse, entsprechend 50—70 dt/ha Trockenmasse mit hohen Futterwerten. Dazu enthält Grünhafer 90—100 mg Carotin je kg TM.

Verwertung. Für die Frischverfütterung an Milchvieh und andere Tierarten wird Mitte Juni geerntet (ab ca. 25 cm Wuchshöhe), solange noch nicht verholzt. Danach werden größere Mengen in der Milchreife eingesäuert. Zur künstlichen Trocknung wird die Milchreife nicht abgewartet. 45—60 dt/ha Trockengut bei einem Trocknungsverhältnis von 5,5—6,0 : 1.

Gründüngung. Gute bis mittlere Vorfruchtwirkung, „Gesundungsfrucht". Sie räumt zeitig das Feld für Zweitfrüchte. Die Gründüngungsleistung ist mittel.

Mais Abb. 11

Zea mays L. ⊙

Charakteristik. Der Mais ist subtropischen Ursprungs und gehört wie die Getreidearten zur großen Familie der Gräser. Anders als beim Getreide sind beim Mais männliche und weibliche Blüten getrennt an einer Pflanze. Bei uns übertrifft er als Grünfutterpflanze und vor allem zur Silagegewinnung den Körnermais an Bedeutung. Seine außergewöhnliche Flächenausweitung hat noch kein Ende gefunden.

Grünfuttermais, bei dem die gesamte grüne Pflanze frisch verfüttert wird, ist nach neuerer Definition „nicht ganz reif gewordener Silomais".

Silomais hat eine längere Vegetationszeit und wird als „nicht ganz reif gewordener Körnermais" konserviert verfüttert. Grünfuttermais wird meist als Zweitfrucht zu verschiedenen Saatzeiten ausgesät; Silomais dagegen hauptsächlich als Hauptfrucht angebaut, nur seltener mit einem höheren Ertragsrisiko auch als Zweitfrucht.

Standortansprüche sind bei den Nutzungsformen nicht stark abweichend, beim Grünmais aber etwas geringer, da mangelhafte Ausreife und ungünstige Jahre hier nicht so durchschlagen. Selbst Grenzstandorte, wie Sandböden und Mittelgebirgslagen, kommen noch in Betracht. Allgemein werden leichtere, gutdurchlüftete, humusreiche und gare Böden bevorzugt. Dicht gelagerte und staunasse Lehm- und Tonböden sind nicht geeignet. Beim wärmebedürftigen Mais scheiden auch spätfrostgefährdete Lagen aus. Wärme und Wasser spielen vor allem in den kritischen Phasen des Auflaufs und der Rispenausbildung (Juli/August) eine wichtige Rolle. Auch liebt er viel Sonne.

Sorten. Für den Anbau von Grünmais, bei dem alle grünen Teile, nicht zuletzt die Stengel, von Wert sind, kommen hochwachsende, massenwüchsige Sorten in Frage. Zur Wahl stehen seltener freiabblühende — hauptsächlich aber Hybridsorten der mittelspäten (FAO 250—290), bedingt auch der späten Reifegruppe (FAO 300—340). Beim Silomais ist die Sortenwahl von größerer Bedeutung. Die Hybridsorten haben zu der ungeahnten Flächenausweitung geführt. Je nach Standort werden bei dieser Nutzungsform Sorten der mittelfrühen Reifegruppe (FAO 200—240) bevorzugt.

Bestellung. Während bei Grünmais der Anbau einfach ist, ist die Anbautechnik bei Silomais vielschichtiger und von weitaus größerer Bedeutung. Grundsätzlich sollte die Bodenwärme bei der Bestellung zugunsten schneller Keimung 8° C erreicht haben. Grünmais, meist als Zweitfrucht gebaut, kann von April bis Juli ausgesät werden, evtl. in zeitlicher Staffelung, um für einen längeren Zeitraum Grünfutter zu liefern.

Reinsaatmenge 35—50 kg/ha bei Hybridsaatgut. TKG: 200—600, ∅ etwa 290 g. Reihenabstand 30 cm als Zweitfrucht, 50 cm als Hauptfrucht. Saattiefe 4—6 cm. In jedem Falle ist die Qualität der Aussaat wichtig, die mit einer wasserschonenden sorgfältigen Bodenbearbeitung ohne zu starken Bodendruck beginnt. Zur Erzielung einer guten Krümelstruktur gehört eine gewisse Abtrocknung des Bodens vor der Bearbeitung.

Das gilt alles in verstärktem Maße für die Bestellung von Silomais. Hier wird die Einhaltung des Saattermins entscheidend für den Erfolg. Optimale Aussaat Ende April/Anfang Mai. Spätere Aussaaten werden problematisch. Da Silomais viel Licht und Luft braucht, verlangt er optimale Bestandesdichte. Bei 65—80 cm Reihenabstand und Einzelkornablage mit besonderen Säaggregaten sind je nach FAO-Zahl der Sorte 7 bis 10 Pflanzen/qm anzustreben. Reinsaatmenge 25—33 kg/ha je nach Tausendkorngewicht.

Düngung. Mais kann Stallmist und Gülle gut verwerten. Vom Rispenschieben bis zur physiologischen Reife brauchen die Bestände je nach Vorfrucht, Nährstoffvorrat und Dichte bei entsprechender Wasserversorgung hohe Nährstoffversorgung. Als Anhaltspunkte gelten für Grünmais 120—130 kg/ha N (Lagergefahr); bei Silomais mit längerer Vegetationszeit und späterer Ernte sind 150—200 kg/ha N angezeigt. Die N-Düngung wird am besten in einer Gabe vor der Saat, außerdem 120—200 kg/ha P_2O_5 und 200—280 kg/ha K_2O, evtl. zusätzlich Magnesium (40—60 kg/ha) und Spurenelemente verabreicht.

Ernte. Grünmaisernte nach der Blüte (70—100 Veg.-Tage), nicht zu früh, weil in dieser Zeit noch starker Nährstoffzuwachs. Danach durch Blattverluste Einbußen an TS und wertvollen Inhaltsstoffen. Ziemlich sicherer Ertrag. Ernte über eine längere Zeit (4—6 Wochen) bis zu den ersten Frösten möglich. Grünmasseertrag 300—500 dt/ha, entsprechend etwa 60—80 dt/ha TM. **Silomais** braucht bis zur Teigreife ca. 150, als Zweitfrucht noch 110 Veg.-Tage. Die Ernte sollte nicht eher erfolgen, bis

40—50 % Trockensubstanz in der Pflanze erreicht sind. Das ergibt eine gute Silage, evtl. auch zusammen mit sonstigen eiweißreichen Futterpflanzen. Die Ertragserwartung liegt inerhalb Deutschlands, von Nord nach Süd ansteigend, zwischen 500 und 800 dt/ha Grünmasse oder 100 bis 160 dt/ha TM.

Verwertung. Grünmais besonders für frühzeitige Futtergewinnung zur Überbrückung sommerlicher Futterlücken. Bis zur Milchreife werden die dünnen Stengel ganz oder gehäckselt, da noch nicht stark verholzt, und bei hohem Gehalt an leicht löslichen Zuckern gerne gefressen und gut verwertet. Für längeren Bedarf Sorten verschiedener Reifezeit anbauen. Silomais dient sorgfältig einsiliert und vergoren als wirtschaftseigenes, kohlenhydratreiches, sehr schmackhaftes Saftfutter für Milch- und Masttiere.

Gründüngung. Die Blattfrucht Mais bringt gute Schattengare. Sie hinterläßt 17—20 dt/ha Wurzel- und Stoppelrückstände, dazu 45—50 dt/ha oberirdische Masse und ist damit humusmehrend und trotz stärkerer Beanspruchung der Bodennährstoffe eine gute Vorfrucht. Für den heutigen starken Getreidebau wirkt Mais, der nach sich selbst folgen und leicht in die Fruchtfolge eingegliedert werden kann, auch in der Bekämpfung der Getreidefußkrankheiten als Gesundungsfrucht und im Rübenbetrieb als Feindpflanze des Rübennematoden.

Hirsearten Abb. 12

Rispen-Hirse (Echte Hirse), *Panicum miliaceum* L.
Kolbenhirse (Mohar, Borstenhirse), *Setaria italica* ⊙

Charakteristik. Wie das Sudangras (s. 13), haben die verschiedenen Hirsearten, die dem subtropischen Klimabereich angehören, bei uns für den Feldfutterbau nur eingeschränkte Bedeutung. In den charakteristischen Merkmalen gleichen sie dem Sudangras sehr. Es sind hochwachsende (1 m und höhere), sehr blattreiche Gewächse. Als Futterpflanze eignet sich die Kolbenhirse besser als die Rispenhirse, beide können auch zur Körnergewinnung dienen.

Standortansprüche. Als sehr wärmebedürftige, dürreresistente „Gräser" kommt ihnen eine Sonderstellung zu. An den Boden stellen sie keine besonderen Ansprüche. Hirsearten bevorzugen warme, lockere, selbst sandige Böden, vertragen jedoch keine Bodensäure. Sie haben nur geringe Wasseransprüche, können also dort noch angebaut werden, wo das Wasser für den Mais nicht mehr ausreicht.

Sorten. Im Handel Importsaatgut von z. B. Hybrid-Futterhirse.

Bestellung. Für die Aussaat sind Bodentemperaturen von über 12° C erforderlich. Daher wird zweckmäßig vor Ende Mai nicht ausgesät — meist erst im Sommerzwischenfrucht- und Stoppelfruchtanbau in ein feines, gut abgelagertes Saatbett. Die Hirse ist spätfrostempfindlich. Sie hat zögernde Anfangsentwicklung mit der Gefahr der Verunkrautung, wächst dann aber sehr schnell. Pflege wie beim Mais. Je nach Art beträgt die Reinsaatmenge 16—20—25 kg/ha. TKG: Kolbenhirse 4—8 g, Rispenhirse 4—8 g. Reihenabstand 20—30 cm, Saattiefe 1—1,5 cm.

Düngung. Wegen ihres großen Nährstoffbedarfs ist die Düngerversorgung wichtig. Neben organischen Düngemitteln bringen 100 kg/ha Stickstoff und ausreichende Phosphor- und Kalimengen Massenwuchs.

Ernte. Die durchschnittliche Entwicklungszeit beträgt 80—100 Wuchstage. Ungünstige Witterung bringt Wachstumsstörungen, daher geringe Ertragssicherheit. Bei Bewässerung können aber ähnliche Erträge wie beim Grünmais geerntet werden. Evtl. Ernte eines zweiten Schnittes bzw. Nachweide.

Verwertung. Bei Beginn des Erscheinens des Blütenstandes geerntetes zuckerreiches Grünfutter mit hohem Eiweißgehalt wird von den Tieren gerne gefressen. Seltener wird es mit anderem ähnlichen Material siliert. Vorteilhaft kann Beweidung sein.

Gründüngung. Bei erheblichen Ernterückständen und bei Garebildung durch dichte Bestände bringen die Hirsen gute Gründüngungsleistung. Ihr Vorfruchtwert ist gut.

Sudangras Abb. 13

(Hybridsorghum), Sorghum sudanense (Andropogon sorghum) ⊙

Charakteristik. Sudangras stammt wie die ihm verwandten Hirsen (s. 12) aus warmen Ländern. Das erklärt, warum sich diese Futterpflanze bei uns bisher nicht durchsetzen konnte. Daran scheinen auch die jüngeren mehrschnittigen Hybridzüchtungen nichts ändern zu können. Für unsere Verhältnisse hat Sudangras nur geringe Eignung. Die bis 1,80 m hoch wachsende Pflanze hat lange, ziemlich harte, schmale Blätter.

Standortansprüche. Sudangras stellt noch höhere Ansprüche an die Wärme als der Mais, vor allem in der Jugendentwicklung. Wegen der größeren Dürreresistenz ist es für Gebiete mit heißen, trockenen Sommern besser geeignet. Bei genügend Feuchtigkeit wachsen zwei Schnitte. Bevorzugt sind frische, nicht staunasse, gut luftdurchlässige Böden.

Sorten. Es sind Zuchtsorten auf Hybridbasis auf dem Markt.

Bestellung. Die Saat muß in ein fein gekrümeltes Saatbett erfolgen. Reinsaatmenge 40—50 kg/ha. TKG: 30 g. Reihenabstand 20—25 cm, Saattiefe 1—2 cm. Gedrillt wird mit normaler Sämaschine. In der Saatzeit bestehen weite Spielräume. Wegen der Frostempfindlichkeit der jungen

Pflanzen sät man aber nicht vor Anfang Juni. Das Gras kann vorteilhaft als Zweitfrucht nach frühräumenden Früchten folgen; als Stoppelsaat hat es kaum noch Möglichkeiten.

Düngung. Zur Ausschöpfung der vollen Ertragsleistung sind hohe Stickstoffgaben bis 120 kg/ha N erforderlich, die auch zu höheren Eiweißerträgen führen. Sehr dankbar ist es auch für Stallmist bzw. Gülle, die schon zur Vorfrucht gegebenenfalls auf die einzuarbeitenden Stoppeln gegeben werden. Bei großem Nährstoffentzug ist auch Kali- und Phosphatdüngung notwendig.

Ernte. Unter den vorgenannten Bedingungen bringt Sudangras höhere Leistungen als Kolbenhirse, kann aber mit Mais in keinem Falle konkurrieren. Nach 60—70 Tagen Vegetationszeit kann ein Grünertrag von 200 bis 500 dt/ha, entsprechend 80—100 dt/ha TM, erreicht werden.

Verwertung. Das Gras wird im jungen Zustand noch vor dem Erscheinen der Rispen mit ziemlich hoher Stoppel geschnitten, um den Nachtrieb zu erleichtern. Das zuckerreiche Gras wird von den Tieren grün gefressen, größere Mengen können siliert werden.

Gründüngung. Die Pflanze hat bei gutem Stand einen relativ guten Gründüngungswert. Bei zügigem Wuchs und guter Bestandesdichte beschattet das Gras ziemlich schnell das Feld. Es hinterläßt annehmbare Wurzelmasse im Boden. Folgt baldige Bearbeitung der Stoppeln, so ist auch der Vorfruchtwert dieser fruchtfolgeneutralen Pflanze als gut zu bezeichnen.

Luzerne Abb. 14

Blaue Luzerne, *Medicago sativa* L.
Bastardluzerne, *Medicago* x *varia* Martyn.

Charakteristik. Mehrjährige, wertvolle Hauptfruchtfutterpflanze mit großer Formenfülle aus verschiedenen Ursprungsgebieten. Eine der leistungsfähigsten, mehrschnittigen Feldfutterpflanzen für spezielle Gebiete. Die „Königin der Futterpflanzen" hat bei kleiner werdender Anbaufläche sehr an Bedeutung abgenommen. Dafür ist neben anderen Faktoren (stärkere maschinelle Ausrüstung) hauptsächlich die höhere Intensität des Ackerbaues verantwortlich. Sehr blatt- und eiweißreich. Gezähnte dreischeibige Fiederblätter, z. T. langgestielt mit Stachelspitze und Nebenblättern. Stengellänge 90—120 cm. Die Blütentraube trägt viele Blütchen. Der Fruchtstand ist eine spiralförmig gewundene Hülse. Tiefgehende Pfahlwurzeln — 150 cm u. mehr — mit Faserwurzeln im oberen Bereich.

Standortansprüche. Luzerne stellt an Boden und Klima besondere Anforderungen, „luzernefähige" Lagen. Bevorzugt werden warme, durchlässige Sand- bis tonige Lehmböden, ungeeignet sind solche mit stauender Nässe oder hohem Grundwasserstand. Luzerne liebt alkalische Bodenreaktion. Saure Böden sind ungeeignet. Durch geeignete Maßnahmen können auch Sandböden und andere Grenzstandorte luzernefähig gemacht werden, wobei es wesentlich darauf ankommt, den Untergrund zu erschließen. In mildem Klima fühlt sie sich wohl, während sich feuchtkühle Gebiete weniger eignen, eher kommen noch Trockenlagen in Frage.

Sorten. Geeignete Sorten sind von ausschlaggebender Bedeutung für erfolgreichen Anbau. Alte, bodenständige Herkünfte sind heute vorzüglichen Zuchtsorten gewichen, die über gute Anpassungsfähigkeit verfügen. Neben die buntblühenden deutschen Bastardluzernen sind seit den 60er Jahren viele sativa-Sorten aus flandrischer und französischer Abstammung getreten, die auch genügend kälteresistent sind.

Bestellung. Frühjahrsaussaat nach Vorwinter-Pflugfurche und Unkrautbereinigung in ein feines Saatbett mit festem Bodenschluß als Blank- oder Untersaat oder Spätsommeraussaat bis Mitte August. Reinsaatmenge 16—24—30 kg/ha, TKG: 2,2—2,7 g. Reihenabstand 18—25 cm, seltener Breitsaat. Saattiefe 1 cm. Besonders bei erstmaligem Anbau ist Impfung der Saat günstig. Verträgt keine Hackarbeit (evtl. chemische Unkrautbekämpfung), keine Beschattung, keine Bodenpressung und kein Beweiden. Vorsicht beim Befahren mit schweren Schleppern.

Düngung. Schon im Jugendstadium hoher Nährstoffbedarf. Da N-Sammler, keine Stickstoffdüngung, allenfalls zur Vorfrucht, oder kleine Startgabe. Evtl. nötige Aufkalkung mit 60—80 dt/ha kohlesaurem Kalk schon 1—2 Jahre vor der Einsaat sollte fein verteilt eingearbeitet werden. Reichliche Phosphatdüngung 150—200 kg/ha P_2O_5 und 200—300 kg/ha K_2O (Patentkali) und evtl. 20 kg/ha Bor und sonstige Spurenelemente. Bei längerdauernder Nutzung sind entsprechende Ersatzdüngungen notwendig.

Ernte. Von der langfristigen Nutzung geht man heute unter Verzicht auf Höchsterträge zur 1—2jährigen Nutzung mit drei bis vier Schnitten jährlich über. Ausreichende Pausen; vor allem zwischen vorletztem und letztem Schnitt mindestens 6 Wochen Ruhe. Einmal im Jahr soll die Luzerne zur Blüte kommen. Sonst wird mit hoher Stoppel vor der Blüte geschnitten. Ertragserwartung 500—800 dt/ha Grünmasse je Hauptnutzungsjahr oder 120—150 (—170) dt/ha Trockenmasse.

Verwertung. Im jungen Zustand kann Luzerne grün verfüttert werden. Hauptsächlich aber Gewinnung eines wertvollen Heues. Silieren macht Schwierigkeiten, dagegen besondere Eignung für technische Trocknung.

Gründüngung. Luzerne ist mit sich selbst und mit anderen Kleearten nicht verträglich. Daher nur alle 6 Jahre Anbau. Sehr wertvolle, tiefwurzelnde, bodenaufschließende Vorfrucht mit guter Düngerwirkung. Ernterückstände 60—70 dt/ha TM.

Rotklee Abb. 15

Trifolium pratense L. ⊙—♃

Charakteristik. Rotklee ist neben der Luzerne **die** altbewährte Hauptfrucht-Futter-Leguminose. Bei ständig abnehmender Anbaufläche hat er von seiner früheren Bedeutung viel verloren. Im Vergleich zu allen anderen Kleearten ist der Rotklee aber heute noch recht beliebt, besonders im süddeutschen Raum. Neben mancherlei Gründen liegt das hauptsächlich an der immer intensiveren Wirtschaftsweise. Auf den tiefer gelockerten Rübenböden fühlt er sich nicht mehr so wohl wie auf einem Acker mit fester Struktur. Die frühere zwei- bis dreijährige Nutzung wird heute häufig durch einjährigen Anbau (Gründüngung) mit deutschen Zuchtsorten ersetzt.
Zahlreiche Stengeltriebe tragen starke Belaubung. Die dreischeibigen, eiförmigen Blätter sind oft mit dreieckigem weißen Blattzeichen versehen. Die Blätter sind bewimpert und auf beiden Seiten leicht behaart. Fleischfarbene bis rötliche Blüten stehen in dichten Köpfchen. Die grundständige Rosette hat eine kräftige, nährstoffspeichernde längere Pfahlwurzel, die reich mit Nebenwurzeln besetzt ist. Außerdem haben die Wurzeln reichen Besatz an Knöllchenbakterien. Neben seinem starken Massenwuchs besitzt Rotklee ein gutes Nachwuchsvermögen, wodurch 3—4 Schnitte im Jahr möglich werden.

Standortansprüche. Als kleefähig wird ein Standort bezeichnet, an dem der Rotklee sicher gedeiht. Mittlere, tiefgründige, frische humose, aber auch bindigere, milde kalkreiche Böden werden bevorzugt. Zu leichte, trockene und humusarme Böden scheiden aus. Luftfeuchte, kühlere Lagen ohne Spät- und Wechselfröste sind beliebte Rotkleestandorte; schwere feuchte Böden sprechen mehr für Schwedenklee.

Sorten. Für das Gelingen eines Kleeschlages ist die Sortenfrage entscheidend. Trotz rückläufiger Anbaufläche wird weiterhin Züchtung betrieben. Ein großes Sortiment von frühen bis späten Sorten umfaßt neben altbewährten, winterfesten deutschen Zuchtsorten jüngere, auch tetraploide Sorten. Die sehr massenwüchsigen tetraploiden Sorten bereichern in vielerlei Hinsicht das Sortiment, besonders wegen der etwas längeren Lebensdauer und besserer Winterfestigkeit.

Bestellung. Als Untersaat unter Getreide wird der Klee rechtzeitig im Frühjahr (Februar/März) ausgesät. Wegen der Gefahr des Durchwuchses bei Lagerfrucht bzw. infolge immer kräftigerer Getreidebestände ist dieses Verfahren aber kaum mehr üblich.
Es eignet sich dafür nur noch frühräumendes Grüngetreide. Deshalb werden die meisten Kleeansaaten heute in Blanksaat im Juli/August vorgenommen und oft in Klee-Grasgemischen. Die Aussaat erfolgt in gut abgesetztem Boden. Reinsaatmenge: 15—20 kg/ha, in Gemischen ist sie ent-

sprechend geringer. Drillsaat, Reihenabstand 15—20 cm, Saattiefe 1 cm, verdient vor Breitsaat den Vorzug. TKG: 1,75—2,25 g, tetraploid 3,0 bis 4,0 g.

Düngung. Bei kräftiger Kaliphosphatdüngung erübrigt sich bei Klee-Reinsaaten eine N-Düngung, die bei stärkeren Grasanteilen im Kleegras angebracht ist.

Ernte. In der Regel wird der Rotklee bei Beginn der Blüte geschnitten. Reinsaaten können auch noch in Vollblüte geerntet werden, ohne daß sich der Eiweißgehalt des Futters wesentlich verringert. In mehreren Schnitten bringt der Klee über die ganze Vegetationszeit Futtermöglichkeiten. Bei 3—4maligem Schnitt liefert er 600—800 dt/ha Grünmasse, d. s. 110 bis 150 dt/ha Trockenmasse.

Verwertung. Der Rotklee ist in der Fütterung vielseitig verwendbar und besser als Luzerne. Außer gern gefressenem Grünfutter liefert er wertvolles Heu und damit wichtiges wirtschaftseigenes Eiweißfutter. Silagebereitung ist nicht möglich. Rotklee kann aber auch gut beweidet werden.

Gründüngung. Zweifellos steht beim heutigen Anbau beabsichtigte Gründüngung im Vordergrund. Rotklee hinterläßt hohe Ernterückstände an oberirdischen Resten, vor allem durch sein Wurzelwerk (30 dt/ha TM). Durch Humusanreicherung und Bodengarebildung ist er eine ausgezeichnete Gründüngungspflanze. Für viele Folgefrüchte ist er eine gute Vorfrucht. Rotklee sollte jedoch nicht häufiger als alle 5—6 Jahre in der Fruchtfolge erscheinen, da häufigerer Anbau zu Rotkleemüdigkeit und anderen Krankheiten führen kann.

Weißklee Abb. 16

Trifolium repens L. ♃

Charakteristik. Meist niedrigbleibender Klee mit großer Anbaubedeutung, hauptsächlich in Dauerweiden und in Kleegrasgemischen; als Untersaat zu Gründüngungszwecken durch niedrigen Wuchs beim Mähdrusch weniger störend. Nach dem Wuchstyp werden hauptsächlich drei Formen mit verschiedenen Nutzungsrichtungen unterschieden: die kleinblättrige (f. microphyllum) für Weidezwecke, die höherwachsende (f. giganteum) mit größeren Blättern als Mähtyp und der Zwischentyp (f. cultum) ausschließlich für den kurzfristigen Futterbau. Weißklee ist mehr oder minder ausdauernd. Besonders die niedrigwachsenden Formen verbreiten sich durch oberirdische und halb unterirdische Ausläufer. Sehr blattreiche Pflanzen, typisches Kleeblatt, die Größe variiert stark. Blätter kahl, meist mit Blattzeichen versehen, im mittleren Teil des Blattrandes gezähnelt, Nebenblätter. Der Blütenkopf — kleiner als bei Rotklee — ist weiß. Die Blühzeit erstreckt sich über einen längeren Zeitraum.

Weißklee hat eine Pfahlwurzel mit reicher Verästelung. Er ist recht winterhart.

Standortansprüche. Gut anpassungsfähig. Bevorzugt werden feuchte und frische Lagen und lehmige bis mittlere Böden, d. h. festere Böden. Verträgt hohe Niederschläge gut.

Sorten. Die meisten der zugelassenen Sorten werden im Dauergrünland benutzt. Für den Feldfutterbau kommen vor allem die höherwachsenden, aufrechten, großblättrigen Formen mit langen Stielen in Frage. Speziell für Gründüngungszwecke eignen sich niedriger wachsende und weniger ausdauernde Sorten. Trotz guter einheimischer Zuchtsorten müssen zur Bedarfsdeckung ausländische Importe herangezogen werden.

Bestellung. Der Weißklee liebt ein festes Saatbett. Zur Untersaat ist am günstigsten Februar/März. Reinsaatmenge 10—12 kg/ha. Reihenabstand 18—20 cm, auch Breitsaat ist möglich. 1 cm Saattiefe. In mehrjährigen auch beweidbaren Kleegrasgemengen wird der Weißklee mit 6—8 kg/ha angesät. TKG: 0,65 g. Zur Gründüngung ist auch späte Aussaat Juli/August möglich. Neben ausreichender Versorgung mit Phosphorsäure und Kali ist Weißklee für eine leichte N-Gabe beim Start empfänglich. Auch Kalkdüngung kann angebracht sein.

Ernte. Evtl. früher Schnitt oder leichtes Überweiden zwecks Anregung der Bestockung und Unkrautbekämpfung. Der mehrschnittige Klee (3—4 Schnitte) wird zur Grünfutternutzung zum ersten Mal bei der Blüte geschnitten. Danach folgen mehrere Schnitte bis Oktober. Vorteilhaft ist die Nutzung durch Beweidung. Statt Heuwerbung kommt künstliche Trocknung in Betracht. Bei guter Ertragssicherheit sind 300—700 dt/ha und mehr an grüner Masse zu erwarten, entsprechend 30—50 dt/ha Trockenmasse. Weißklee ist sehr eiweißreich.

Verwertung. Im Gemenge mit Weidelgräsern ergibt sich ein leicht verdauliches, fetttreibendes Milchfutter, das bei Weidegang gut aufgenommen wird. Reinbestände kommen kaum vor.

Gründüngung. Wegen seines Bewurzelungsvermögens hat der Weißklee als Stickstoffsammler große Bedeutung als gute Gründüngungspflanze besonders auch für Rübenanbaugebiete. Ernterückstände 30 dt/ha. Da er kaum Kleemüdigkeit hervorruft und mit sich selbst verträglich ist, wird er gerne angebaut. Wegen guter Vorfruchtwirkung wird er ebenso geschätzt wie als Bienenpflanze.

Schwedenklee (Bastardklee) 17

Trifolium hybridum L. ♃

Charakteristik. Schwedenklee ist keine Hauptfutterpflanze, sondern mehr „Ergänzungspflanze" in ein- bis mehrjährigen Gemengen. Vielblättrig, dem Rotklee ähnlich, aber seine Blätter sind beidseitig kahl, ohne Blattzeichnung. Hochwachsende Pflanze mit hohlen bis 70 cm langen Stengeln. Blüten in kugeligen rosaweißen Köpfchen. Leicht lagernd. Samen sehr klein, gelbgrün. Hauptwurzel als Pfahlwurzel — mit Nebenwurzeln — bodenaufschließend. Die winterharte Pflanze hat ihre Hauptbedeutung im Feldfutter- und Zwischenfruchtbau.

Standortansprüche. Anspruchsloser als Rotklee. Stellt an den Kalk- und Kulturzustand des Bodens keine besonderen Ansprüche. Verträgt viel Feuchtigkeit, weniger geeignet unter trockeneren Verhältnissen, dagegen wohl für rauhes Klima (Gebirge). Empfindlich gegen den Tritt.

Sorten. Der Inlandsbedarf an Saatgut konnte durch einheimische Zuchtsorten nicht gedeckt werden.

Bestellung. Aussaat von März bis September. Reinsaatmenge 9—10 kg/ha; in Kleegrasgemischen als wichtiger Partner mit geringeren Saatanteilen. TKG: 0,6—0,7 g. Reihenabstand ca. 15 cm. Saattiefe 1 cm. Nicht als Untersaat. Kräftige Grunddüngung mit Phosphorsäure und Kali, aber ohne Stickstoff.

Ernte. Der Schwedenklee ist mehrschnittig. Seine Hauptleistung liegt im 1. Schnitt, danach evtl. Nachweide. Bei 2—3 Schnitten im Jahr sind 150 bis 600 (—700) dt/ha Grünmasse zu erwarten. Das sind 40—100 (—130) dt/ha TM.
Die Ernte erstreckt sich bis Mitte November.

Verwertung. In Reinbeständen wird er wegen bitteren Geschmacks grün nicht gerne gefressen, besser nach Heuwerbung. Künstliche Trocknung möglich.

Gründüngung. Trotz nicht so starker Wurzelleistung wie beim Rotklee immer stärker auch zur Gründüngung angebaut — auch im Gemenge mit Gelbklee und Weißklee. Schwedenklee ist mit sich selbst verträglicher als Rotklee und etwas weniger anfällig für Kleekrebs, daher auch geeigneter für Zwischenfruchtnutzung. Er hat gute Vorfruchtwirkung und eignet sich als Bienenpflanze.

Inkarnatklee Abb. 18

Trifolium incarnatum, var. *sativum* ⊙ ①

Charakteristik. Inkarnatklee hat in den letzten Jahrzehnten seine frühere Anbaubedeutung verloren. Die 50 cm hoch wachsende Pflanze ist in allen Teilen zottig behaart. Sie blüht in purpurroten Ähren („Schwänzchen"). Der Klee ist, nur einjährig bzw. einjährig überwinternd, vorteilhaft als Mischungspartner zu verwenden. In Reinsaat ist er trotz seiner Raschwüchsigkeit durch Unkrautwuchs gefährdet.

Standortansprüche. Inkarnatklee stellt an den Boden und seinen Nährstoffgehalt geringere Ansprüche als Rotklee und Luzerne. Er bevorzugt

Böden in gutem Kalkzustand in milderen Lagen und nimmt auch mit leichteren Böden vorlieb.

Sorten. Unsere aus bodenständigen Herkünften stammenden Sorten sind genügend winterhart, im Gegensatz zu Importen aus südlicheren Ländern. Das Sortiment ist ebenso zusammengeschrumpft wie die inländische Vermehrungsfläche.

Bestellung. Bei relativ langsamer Jugendentwicklung ist frühe Aussaat immer angebracht. In der Regel wird Ende Juli bis Mitte August nach Stoppelumbruch gesät — gut als Mischungsanteil in Gemengen mit Winterzwischenfrüchten. Reinsaatmenge 25—35 kg. TKG: 3—4 g. Reihenabstand 15—20 cm. Saattiefe 1—2 cm. Die Saat braucht festen Boden. Als Untersaat eignet sich dieser Klee nicht.

Düngung. Als stickstoffsammelnde Pflanze ist bei ausreichender P_2O_5-Versorgung und hoher K_2O-Gabe höchstens eine kleine Stickstoffgabe (30 kg/ha N) zum Start angebracht.

Ernte. Zu üppige oder verunkrautete Bestände werden noch im Herbst geschröpft oder leicht beweidet. Damit wird auch Mehltau- und Kleekrebsbefall vorgebeugt und die Überwinterung der Rosette gesichert. Acht Tage vor dem 1. Rotkleeschnitt bringt Inkarnatklee bei beginnender Rotverfärbung der Blütenknospen, etwa in der 3. Maidekade, einen Futterschnitt ohne Nachtrieb. Überständiger Klee verliert schnell an Futterwert. Ertragserwartung: 200—300 dt/ha Grünmasse, entsprechend 45—60 dt/ha TM. Als Zwischenfrucht (Juli-Aussaat) vor Winter genutzt, können 15—20 dt/ha Trockenmasse geerntet werden.

Verwertung. Evtl. Herbstweidevornutzung. Inkarnatklee wird grün in nicht zu großen Portionen verabreicht. Früher wurde er gerne zur Heubereitung verwandt (Pferde). Auch ist künstliche Trocknung möglich. Zur Silagegewinnung werden meist die auch sonst vorteilhaften Gemenge mit Gräsern benutzt.

Gründüngung. Die N-sammelnde Pflanze gewinnt neuerdings im Gründüngungsanbau mehr an Bedeutung, besonders in Rübenbaugebieten, in denen stärkerer Anbau von Kreuzblütlern gefährlich ist. Bei sachgerechter Bestellung bedeckt der Klee nach einiger Zeit den Boden. Das Wurzelwerk geht nicht besonders tief, die feinen, mit Knöllchenbakterien besetzten Würzelchen breiten sich weit aus. Wurzelertrag der Winterzwischenfrucht 20—25 dt/ha TM bzw. 10—12 dt/ha bei Umbruch vor Winter. Inkarnatklee kommt zum Hauptwachstum, wenn Persischer und Alexandriner Klee schon absterben. Er eignet sich daher zur Überwinterung und Frühjahrsfurche. Die Gründüngungsleistung ist mittel. Ausgezeichnete Vorfrucht für Nachfrüchte aller Art, wenn nach der Ernte schnell umgebrochen wird.

Persischer Klee Abb. 19
Trifolium resupinatum L. ⊙

Charakteristik. Ursprünglich im Vorderen Orient beheimatet, hat der Persische Klee stärkere Verbreitung in den Ländern des Mittelmeeres. Von dort kam er in den 60er Jahren zu uns und hat ständig an Bedeutung gewonnen. Der Klee überwintert in unserem Klima nicht. Im Vergleich zum Rotklee entfallen bei ihm manche Schwierigkeiten. Im Gegensatz zum Alexandriner Klee (s. 20) ist er widerstandsfähiger gegen Krankheiten, insbesondere gegen Stengelbrenner. Weitere Vorteile sind seine Schnellwüchsigkeit und großer Blattreichtum (nach Herkünften verschieden). Persischer Klee ist sehr blühfreudig und hat relativ kleine Blütenköpfchen von purpurroter bis rosa Farbe und weithin wahrnehmbarem Duft. Die Stengel sind ziemlich dick und hohl, sie verholzen nur langsam. Bei genügender Standfestigkeit ist der Klee mehrschnittig und hat gutes Nachwuchsvermögen. Im kurzfristigen Feldfutterbau lassen sich damit schnell Futterlücken schließen.

Standortansprüche. Persischer Klee stellt keine besonderen Ansprüche an den Boden. Leichte bis mittelschwere Böden in nicht zu trockenen Lagen sind gut geeignet. Er ist dankbar für Wärme und gute Wasserversorgung, vermag aber auch kürzere Trockenzeiten zu überstehen.

Sorten. Die Saatgutfrage ist hier von besonderer Wichtigkeit. Bis heute gibt es kaum Zuchtsorten, erst 1977 wurde eine Sorte zugelassen. Wir sind also auf Import-Herkünfte angewiesen, da der Klee bei uns auch kaum zu vermehren ist. In den Prüfungen fielen Herkünfte aus dem Mittelmeerraum positiv auf. Weniger gute Erfahrungen wurden mit Herkünften aus dem Iran und aus den USA gemacht. Diese sind meist nicht so blattreich und blühen besonders früh. Dieses meist billigere Saatgut eignet sich mehr für Gründüngungszwecke. Typisch ist dabei auch häufig Besatz mit *Eruca sativa,* einer Rauke, die geradezu als Leitunkraut gelten kann. Diese Verunkrautung hat der Beliebtheit des Klees viel Abbruch getan.

Bestellung. Der Klee wird ab Ende März bis Anfang April ausgesät, verträgt aber keine hohen Frostgrade. Spätere Ansaaten sind möglich, in Stoppelsaat sogar bis August (Gründüngungsanbau). Reinsaatmenge 18—20 kg/ha, bei Ansaat in Gemischen mit vielen anderen Pflanzen 15 kg/ha. TKG: 1,2—1,4 g. Reihenabstand wie beim Rotklee 15—20 cm; Saattiefe 1 cm.

Düngung. Die Reinsaat dieser stickstoffsammelnden Kleeart bedarf höchstens einer Startgabe von 20 kg/ha N, bei Kleegrasgemengen ist sie entsprechend dem Grasanteil zu erhöhen. Im übrigen ist eine gute Versorgung mit Phosphat und Kali erforderlich: 100 kg/ha P_2O_5 und 150 kg/ha K_2O.

Ernte schon nach 100—140 Vegetationstagen. Der Klee ist ausgesprochen mehrschnittig (4—5). Bei Frühjahrsaussaat fallen die Schnitte in der Zeit von Juni bis September an mit Schwerpunkt der Leistung im 1. und 2. Schnitt. Sie sind nicht an ein bestimmtes Schnittdatum gebunden, da der Stengel nicht schnell verholzt. Je nach Schnittzahl werden 300—700 (—800) dt/ha Grünmasse oder 50—100 (—120) dt/ha Trockenmasse geerntet. Im Stoppelfruchtanbau 150—200 dt/ha Grünmasse entsprechend 10—15 dt/ha TM. Der Klee ist ziemlich sicher im Ertrag. Die Verdaulichkeit ist mit 70 % sehr hoch. Recht günstige Mineralstoffgehalte bei Ca und P.

Verwertung. Persischer Klee ist sehr schmackhaft und wird vom Vieh als Grünfutter gerne aufgenommen, auch Beweidung ist gut möglich. Wegen des hohen Wassergehaltes eignet er sich dagegen kaum zur Heuwerbung. Bei künstlicher Trocknung werden die Trocknungskosten sehr hoch. Nach Vorwelken ist Silierung, vor allem im Gemisch mit anderen Futterpflanzen, möglich.

Gründüngung. Als Trifolium-Art ist Persischer Klee mit sich selbst und mit anderen Kleearten in der Fruchtfolge wenig verträglich. Als N-Sammler und wegen der Garewirkung als Gründüngungspflanze besonders auch im Zwischenfruchtbau sehr geschätzt, dies vor allem in Getreide/Rübenbaubetrieben. Wurzelmasseertrag 30—40 dt/ha bzw. 8—10 dt/ha als Zwischenfrucht. Beliebt auch als Bienenweide.

Alexandriner Klee (Ägyptischer Klee) Abb. 20

Trifolium alexandrinum L. ☉

Charakteristik. Alexandriner Klee erlangte seit den 50er Jahren bei uns eine gewisse Bedeutung. Er wurde begehrter Ersatz für Rotklee, der immer mehr Anbaufläche verlor. Alexandriner Klee, der in den Mittelmeerländern zu Hause ist, überwintert bei uns nicht. Ist kälteempfindlich und wenig frostfest. Die Pflanze kann eine Wuchshöhe bis 100 cm erreichen. Mit einem gewellten, dünnen, aber markigen Stengel ist sie wenig standfest. Die dreischeibigen Blätter wie auch der große Blattreichtum erinnern etwas an Luzerne. Die Blüte ist gelbweiß, der Samen hat gelbe Farbe. Der Klee hat eine gute Bestockung mit geringerem Nachwuchsvermögen. Mit dem Persischen Klee, der ihm später Konkurrenz machte, hat er die besondere Schnellwüchsigkeit gemeinsam. So wird er auch gerne für ausgewinterte Futterschläge herangezogen.

Standortansprüche. Alexandriner Klee stellt ähnliche Ansprüche an Klima und Boden wie unsere einheimischen Kleearten, besonders auch an Wärme. Schwere, aber auch mittelschwere, nicht zu trockene Böden in guter Kultur sowie warme Lagen werden bevorzugt. Er hat einen verhältnismäßig hohen Wasserbedarf. In Trockenlagen und auch in trockeneren Jahren versagt er meistens. In feuchten Jahren kommt es dagegen durch starken Befall mit Stengelbrenner oft zum totalen Zusammenbruch. Empfindlich ist er gegen sauren Boden. Bei den ersten Frösten im Herbst geht das Wachstum zu Ende.

Sorten. Zur Zeit gibt es von dieser Art keine Zuchtsorte. Gute Herkünfte kommen aus Italien, Marokko, USA und Israel. Sie unterscheiden sich abgesehen von der Zahl der erreichbaren Schnitte durch ihre Entwicklungsgeschwindigkeit. Die mehrschnittigen (3—4) Herkünfte entwickeln sich etwas langsamer und kommen auch später in Blüte; die einschnittigen, die ebenfalls im Handel anzutreffen sind, mit früher Entwicklung haben weniger Blatt und keinen Nachtrieb. Eine ganz andere Art wird oft fälschlicherweise geliefert, es ist *Trifolium squarrosum* oder Sperriger Klee. Wie schon der Name sagt, ist er wenig blattreich und hat auch nur geringen Nachwuchs. Er ist mit Sicherheit schon an der Saat zu erkennen, da sein Tausendkorngewicht mit 3,9—5,9 g erheblich über dem des normalen Alexandriner Klees liegt.

Bestellung. Als Hauptfrucht wird Alexandriner Klee — meist im Gemisch mit Loliumarten — ab Mitte April unter Kurztagsbedingungen oder als Zwischenfrucht (Zweitfrucht) ab Juli ausgesät. Stoppelsaaten im August bringen nur noch schwache Aufwüchse. Reinsaatmenge 30—35 kg/ha, TKG 2,7—3,2 g. Reihenabstand 20—25 cm, Saattiefe 1 cm.

Düngung. Zum Klee werden 80 kg/ha P_2O_5 und 120—150 kg/ha K_2O gegeben, dazu höchstens zum Start Stickstoff.

Ernte. Bei stärkerem Unkrautaufkommen empfiehlt sich ein zeitiger Schröpfschnitt. Sonst wird ab 8. Woche im Knospenstadium zum ersten Mal geschnitten. Danach neigt er zur Verholzung. Die Ertragserwartung liegt bei 300—600 dt/ha Grünmasse entsprechend 60—90 dt/ha TM.

Verwertung. Der Klee wird im frischen Zustand von allen Tierarten gerne gefressen. Zur Heugewinnung wird er vorteilhaft in Mischung mit Weidelgräsern angebaut. Künstliche Trocknung und Verarbeitung zu Cobs usw. ist möglich.

Gründüngung. Die Gründüngungsleistung ist mittel. Spätere Ansaaten bringen 12—13 dt/ha Wurzelmasse, die untergepflügt besonders in Zuckerrübenbetrieben begehrte organische Masse in den Boden bringen.

Esparsette Abb. 21

Onobrychis sativus ♃

Serradella Abb. 22

Ornithopus sativus ☉

Bodenfrüchtiger Klee 23

Trifolium subterraneum ⊙

Alle drei Arten sind Schmetterlingsblütler, gehören also zur Familie der Leguminosen. Früher mehr oder minder wertvolle Futterpflanzen fallen sie heute bei zunehmender Intensität für die Futtergewinnung fast ganz aus. Zur Gründüngung sind sie aber vor wie nach wertvoll. Allen gemeinsam ist die Fähigkeit, Stickstoff aus der Luft zu binden, und ihre Anspruchslosigkeit.

Charakteristik

	Esparsette	Serradella	Bodenfrüchtiger Klee
Lebensdauer	mehrjährig	einjährig	einjährig, sich selbst aussäend
Zwischenfrucht	nein	ja	ja
Untersaat	nein	möglich	nein
Kalkhaushalt des Bodens	bevorzugt Kalkböden	kalkempfindlich	kalkliebend
Zuchtsorten	ja	Herkünfte	nein
Aussaatstärken	140—180 kg/ha	35—50 kg/ha	30 kg/ha
TKG	14—21 g	2,7—4,6 g	6—10 g
Gründüngungsleistung (ohne N-Sammlung)	15—20 dt/ha	8—10 dt/ha	8—10 dt/ha

Besonderheiten: **Esparsette.** Hülsenfrucht mit Fiederblättern mit hohem Eiweißgehalt; vielstengelig, hart. Blüte karminrote ährige Pyramidentraube. Einschürige und mehrschnittige Formen. Tiefe Pfahlwurzeln. Pionierpflanze für Luzerne. **Serradella.** Krautige Pflanze mit 10—15 Paaren fein behaarter, schmalelliptischer Fiederblätter. Stark verzweigtes Wurzelwerk ohne Pfahlwurzel. Blüte rosarote Dolde. Pflanze des armen Bodens, auch humoser, anmooriger Böden. Feuchtigkeit liebend, säurehold, geringe Dürreresistenz. Untersaat, evtl. auch Stoppelsaat möglich. Beweidbar, auf leichten Böden Pionierpflanze.

Bodenfrüchtiger Klee. Bisher bei uns wenig bekannte Kleeart, Trifolium-Blatt mit Blattzeichnung, dichtes Blätterdach bildend. Blüte weiß. Besonderheit Geokarpie, d. h. sät sich mit den Früchten, die in den Boden wachsen, jährlich selbst neu aus. Der Same kann auch im Boden überwintern. Charakteristisch ist auch die Ausläuferbildung, dadurch Erosionsschutz. Bodenfrüchtiger Klee verlangt gut vorbereitetes, unkrautfreies Saatbett und muß spätestens bis August gesät werden. Keine Futter-, aber Gründüngungspflanze. Alle drei Arten sind Bienenpflanzen.

Lupinen Abb. 24

Gelbe Lupine, *Lupinus luteus* L.
Weiße Lupine, *Lupinus albus* L.
Blaue Lupine, *Lupinus angustifolius* L. ⊙

Charakteristik. Lupinen sind noch junge Kulturpflanzen aus dem Mittelmeerraum mit großer Mannigfaltigkeit. Die eiweißreiche einjährige Pflanze hat typische handförmige, leichtbehaarte Blätter. Bei *Lupinus luteus* sind sie breit und bei *Lupinus angustifolius* schmal. Die Blüten stehen in aufrechten Trauben. Die Wuchshöhe beträgt bis 80 cm, am niedrigsten bleiben die gelben Lupinen. Für die Unterarten sind typisch Blütenfarbe, Kornfarbe und Korngröße. Allen gemeinsam ist ein starker Alkaloidgehalt, der eine Verwendung der Körner in der Tierernährung ausschließt. Lupinen besitzen tiefreichende Pfahlwurzeln mit reichlich Knöllchenbakterien zur Stickstoffsammlung.

Standortansprüche. Lupinen sind vor allem Zwischenfrüchte des leichten Bodens. Die drei Lupinenarten stellen dennoch unterschiedliche Ansprüche an den Boden: Die **gelbe** Lupine ist kalkfeindlich und bevorzugt saure Bodenreaktion (pH 4,5—6). Die **blaue** Lupine verlangt etwas bessere Lagen, lehmige Sande und sandige Lehme. Sie gedeiht am besten im Küstengebiet bzw. bei hoher Luftfeuchtigkeit auf frischen und weniger sauren Böden. Weniger für Grünfutterbau geeignet. Die **weiße** Lupine wird auf den etwas besseren Mittelböden angebaut. Sie zeigt weniger Kalkempfindlichkeit und zeichnet sich durch ihr schnelles Jugendwachstum aus. Wegen ihres Massenwuchses erlangt sie die größte Bedeutung. Mäßig warmes Klima wird bevorzugt. Die tiefgehenden Wurzeln ermöglichen die Ausnutzung geringer Bodenfeuchtigkeit. Gegen ausgesprochene Spätsommerdürre sind sie empfindlich, jedoch weniger empfindlich gegen Frühfröste.

Sorten. Die ursprünglichen Landsorten und alten Zuchtsorten, hauptsächlich blaue, waren Bitterlupinen, die nur der Gründüngung dienten. Erst in den 30er Jahren entstand durch Auslese und weitere züchterische Bearbeitung die Süßlupine. Wir unterscheiden heute: **Bitterlupinen,** d. h. bitterstoffreiche Formen, meist aus Südafrika importierte Sorten, die nur zur Gründüngung genutzt werden. **Bitterstoffarme** Sorten, gelbe, blaue und weiße Lupine. Alkaloidfreie Süßlupinen (Zuchtsorten) spielen heute, wie auch die bitterstoffarmen Sorten, nur eine ganz untergeordnete Rolle. Da Saatvermehrungen bei uns Schwierigkeiten machen, muß aus südlichen Ländern importiert werden.

Bestellung. Lupinen im Hauptfruchtbau kommen so gut wie gar nicht vor. Ihr Anbau erfolgt als Zweit- oder Sommerzwischenfrucht. Nach mitteltiefer Pflugfurche kann von Mai bis spätestens Anfang August gesät werden. Je später die Aussaat, um so stärker der Wuchs in der vegetativen Phase. Für die späteste Saat eignet sich die schnellwüchsige weiße Lupine auch wegen ihres größeren Massenwuchses (unkrautunterdrükkend) am besten. Reinsaatmengen: Gelbe und Blaue Lupine 160—180 kg/ha, TKG 160—200 g, Weiße Lupine 200—250 kg/ha, TKG 300—360 g. Saattiefe 2—3 cm. Auf Sandböden sind Reinsaaten am besten; für Futternutzung sind Gemenge mit anderen Futterpflanzen angebracht.

Untersaaten in den schossenden Roggen sind möglich, wenn mit ausreichender Feuchtigkeit zu rechnen ist. Saatimpfung ist in jedem Falle angebracht. Die Lupine ist durch viele Krankheiten gefährdet (Welkekrankheit, Blattschütte, Rost u. v. a.) und Schädlinge: Blattrandkäfer, Lupinenfliege, Blattlaus, vor allem aber Wildverbiß bei alkaloidarmen Formen.

Düngung. Stickstoffdüngung kann entfallen, dagegen muß die Phosphor- und Kaliversorgung gesichert sein.

Ernte. Nach Winterzwischenfrüchten angebaut, kann schon im Juli/August geerntet werden. Am besten wird in der Blüte geschnitten. Stoppelsaaten bringen Ende September/Anfang Oktober noch einen Schnitt. Die Ertragserwartungen liegen zwischen 200 und 500 dt/ha Grünmasse, entsprechend 20—50 dt/ha TM.

Verwertung. Bitterstoffarme Lupinen bringen — meist im Gemenge mit anderen Futterpflanzen — eiweißreiches Grünfutter. Silierung ist möglich. Futterwert ist mit dem junger Luzerne vergleichbar. Geeignet ist sie auch für die Herstellung von Trocken-(Kraft-)futter.

Gründüngung. Die Bedeutung der Lupine liegt vor allem in ihrer Verwendung zur Gründüngung. Als Stickstoffsammler bringt sie große Gründüngungsmassen, die bei Frost absterben. Die Wurzeln haben sowohl mechanische als biologische Wirkung; bei hohen Ernterückständen, 16—20 dt/ha TM, ist die Gründüngungsleistung hervorragend. Die Lupine hat guten Vorfruchtwert und ist hauptsächlich Pionierpflanze leichterer Böden. Bienenpflanze.

Winterwicke (Zottelwicke) Abb. 25

Vicia villosa Roth, (var. *euvillosa* Roth.) ⊙ ①

Charakteristik. Einige Winterwickenformen finden als massenwüchsige stickstoffsammelnde Futterpflanzen Verwendung. Sie sind einjährig überwinternd und wachsen im feuchtkühlen Herbst, an offenen Tagen im Winter bis ins winterfeuchte Frühjahr als echte Winterzwischenfrüchte weiter. So bewirken sie im Winter Bodenbedeckung und Erosionsschutz und mindern die Nährstoffauswaschung. Die vielpaarigen „Wicken"-blätter sind meist zottig behaart und haben eine verzweigte Endranke und große Nebenblätter. Die weichen, feinen Stengel erreichen bis 1,5 m Länge. Die Blüten stehen in langgestielten, reichblütigen Trauben und sind blaurot-violett oder weiß, z. T. mit weißen Streifen. Begehrte Bienenpflanze. Neben ausreichender Winterfestigkeit ist die Wicke trockenhold. Sie zeichnet sich aus durch ein stark verzweigtes, mit Knöllchenbakterien besiedeltes Wurzelsystem.

Standortansprüche. Winterwicken stellen keine besonderen Ansprüche an den Standort. Es sind Pflanzen der leichteren Böden und trockeneren Lagen sowie der mittelschweren kalkhaltigen Böden. Auch Höhenlagen sind geeignet. Sie nutzen die Winterfeuchtigkeit gut aus und sind von Niederschlägen wenig abhängig.

Sorten. Nicht stark voneinander abweichende gute Zuchtsorten.

Bestellung. Aussaat in ein gut hergerichtetes Saatbett (Juli) August gedrillt. Reinsaatmenge 80—100 kg/ha, besser aber mit verminderter Saatmenge zusammen mit Grüngetreide und mit anderen Stützpflanzen (s. Teil 2). TKG: 20—40 g, Reihenabstand 12—18 cm, Saattiefe 3—5 cm.

Düngung. Während bei Reinsaaten eine Stickstoffdüngung entfällt, bekommen Wickengemenge Stickstoff je nach Partneranteilen sowie 90 bis 120 kg/ha P_2O_5 und 180—240 kg K_2O, die tunlichst schon zur Vorfrucht gegeben werden.

Ernte. Winterwicken und Wickengemische liefern früh eiweißreiches Grünfutter, anschließend an Rübsen und Raps. Grüngetreide wird durch Einmischung von Wicken wesentlich im Futterwert verbessert. Reinsaaterträge (selten, fast immer mit Stützpflanzen) 300 dt/ha Grünmasse entsprechend 30—40 dt/ha TM.

Verwertung. Das junge eiweißreiche Futter wird bis zum Aufblühen frisch verfüttert. Heugewinnung im Gemenge mit anderen Futterpflanzen kann bei üppiger Entwicklung wegen der Ranken einige Schwierigkeiten bereiten. Silierung und künstliche Trocknung sind möglich.

Gründüngung. Während die Winterwicke im Futterbau von ihrer alten Bedeutung verloren hat, ist sie für Gründüngungszwecke sehr wertvoll und als Abwechslung zu den Kreuzblütlern gut geeignet. Mit den Begleitpflanzen hinterläßt sie hohe Ernte- und Wurzelrückstände, ca. 20 dt/ha TS.

Damit trägt sie zur Erhaltung und Mehrung der Bodenfruchtbarkeit wesentlich bei. Keine Unterbringungsprobleme. Die mit sich selbst verträglichen Wicken haben günstige Vorfruchtwirkung. Nachfolgende Zweitfrüchte sind Mais, Kartoffeln u. a., Bienenpflanze.

Saatwicke (Sommerwicke) 26

Vicia sativa L. ☉

Charakteristik. Eine schnellwüchsige und wertvolle Eiweiß-Futterleguminose für den Zwischenfrucht-Futterbau und zur Gründüngung. Als Hauptfrucht zur Körnergewinnung hat sie keine Bedeutung mehr. Wie der Name Sommerwicke sagt, ist die Pflanze einjährig. Sie ist nur im Anbau mit Stützpflanzen erfolgreich zu nutzen. An bis 1 m langen rankenden, kantigen Stengeln sitzen siebenpaarig gefiederte Blätter. Die ganze Pflanze ist leicht behaart und hat rotviolette, einzeln stehende Blüten.

Standortansprüche. Die Wicke stellt geringe Ansprüche an Klima und Boden. Am besten gedeiht sie auf schweren und mittleren, kalkhaltigen frischen Lehmböden. Als Pflanze des Kurzsommerklimas bevorzugt sie feuchtkühle Lagen und ist, da etwas frostverträglicher als die Felderbse, auch für Höhenlagen geeignet. Dürreempfindlich.

Sorten. Zuchtsorten reichen zur Bedarfsdeckung mit Saatgut nicht aus, verdienen aber unbedingt den Vorzug vor Handelssaat.

Bestellung. Aussaat vom Frühjahr bis Ende Juli. Reinsaatmenge 130—160 kg/ha. Empfehlenswerter sind Gemenge mit Hafer und anderen Partnern, in denen die Wicken-Anteile entsprechend verringert werden. TKG: 40—60 g, Reihenabstand 15—20 cm, Saattiefe 3—5 cm.

Düngung. Evtl. kleine Stickstoffstartgabe (20 kg/ha). Phosphat 90—120 kg/ha P_2O_5 und Kalidüngung 180—240 kg/ha K_2O werden am besten schon zur Vorfrucht gegeben.

Ernte. Nach 100 Tagen zur Futternutzung in der Vollblüte schnittreif. Bei Hülsenansatz leicht verholzend. Da nur leicht frostanfällig (bis —4° C), kann bis Oktober geerntet werden. Ertragserwartung 200—300 dt/ha Grünmasse entsprechend 30—40 dt/ha Trockenmasse.

Verwertung. Wegen des leicht bitteren Geschmacks wird die Wicke rein nicht so gern gefressen wie in Gemischen. Letztere lassen sich auch besser silieren; Heugewinnung selten, Beweiden gut möglich. Wegen des hohen Eiweißgehaltes eignet sich die Wicke gut für die technische Trocknung.

Gründüngung. Die Wicke ist wichtig als Gründüngungspflanze; besonders in Zuckerrübenbetrieben. Durch schnelles Wachstum wirkt sie unkrautunterdrückend und bodenverbessernd, bringt Schattengare und mittlere Ernte- und Wurzelrückstände. Bis 15 dt/ha TM. Sie ist mit sich selbst verträglich (im Gegensatz zu Erbse und Bohne) und hat guten Vorfruchtwert.

Ackerbohne (Pferdebohne, Feldbohne) Abb. 27

Vicia faba L. *var minor* ⊙

Charakteristik. Die kleine Ackerbohne ist eine einjährige, sehr schnellwüchsige, eiweißreiche Hülsenfrucht des Ackerbaues. Trotzdem hat sie nur eine geringe Anbaufläche (20 000 ha). Als Körnerfrucht wird sie in Zeiten der Eiweißknappheit im Rahmen des Futterbaues verstärkt zum Reifwerden angebaut. In geringerem Maße findet die Ackerbohne als Zwischenfruchtpflanze zur Grünfutternutzung — meist als Stützfrucht in Gemengen — Verwendung. An vierkantigen Stengeln, die bis 1,50 m hoch werden können, sitzen breite, paarig gefiederte, vorne abgerundete, ganzrandige, lederartige Blätter von graugrüner Farbe. Die unscheinbaren Blütchen stehen in 2—9blütigen Trauben in den Blattachseln. Charakteristischer Blütenduft lockt — besonders in trockenen Jahren — Blattläuse an. Nektarien finden sich an den Nebenblättern. Bienenpflanze.

Die lederartige Hülse verhärtet und verfärbt sich bei der Reife schwarz. Die Ackerbohne wächst mit einer Pfahlwurzel bis 1 m in die Tiefe. Bis —4° C werden von der Pflanze vertragen.

Standortansprüche. Am besten gedeiht die Ackerbohne auf schweren und mittleren Böden im maritimen Klima. In Fluß- und Seemarschen ist sie sehr am Platze. Sie verträgt keine längere Trockenheit, liebt gleichmäßige Wärme und Wasserversorgung und einen langen Sommer.

Sorten. Bevorzugt werden die kleinkörnigen Sorten. Neben den älteren deutschen Zuchtsorten gibt es gute neuere, dazu 1979 eine „Winterbohne".

Bestellung. Die Aussaat erfolgt im Frühjahr auf abgesetztem Boden so zeitig wie möglich (Febr./März). Die Winterbohne wird in der ersten Hälfte Oktober gedrillt mit 140—185 kg/ha. Zur Körnergewinnung werden je nach TKG 180—220 kg/ha auf 30—50 cm Reihenabstand 8—10 cm tief ausgesät. Nach verschiedenen Vorfrüchten kann noch später (bis Mitte Juli), meist in Futtergemengen mit Anteilen von 40—50 kg/ha ausgesät werden.

Düngung. Keine Stickstoffdüngung, da N-Sammler. Sehr dankbar für reichliche Phosphat- und Kalidüngung, evtl. auch für Kalkung. 90—120 kg/ha P_2O_5; 120—240 kg/ha K_2O.

Ernte. Als Grünfutter wird bei beginnender Blüte geschnitten; später, bei beginnender Körnerausbildung, wird der Siloschnitt gewonnen. Auch technische Trocknung ist möglich. Ertragserwartung: 200 dt/ha Grünmasse, 30 dt/ha TM (bzw. 30—40 dt/ha reife Bohnen).

Verwertung. Ackerbohnen in Reinsaat werden in grünem Zustand nicht gerne genommen, besser im Gemenge mit anderen Futterpflanzen, am besten als Silofutter.

Gründüngung. Infolge starker Durchwurzelung bodenaufschließend und bodenverbessernd durch Stickstoff- und Humusbildung: hoher Gründüngungswert, gute Vorfrucht. Mit sich selbst wenig verträglich.

Felderbse (Futtererbse, Peluschke) Abb. 28

Pisum sativum L. ⊙

Charakteristik. Wichtige Grünfutterpflanze für Feldfutterbau und Gründüngung als Sommerzwischenfrucht (Stoppelsaat). Große Formenvielfalt, so z. B. die Peluschke oder „Sanderbse", die als besonders stark wuchernde Pflanze geringere Ansprüche stellt. Felderbsen sind einjährig, massenwüchsig, eiweißreich und schnellwachsend (Wuchshöhe bis zu 1 m). Sie haben lange, hohle, liegend-aufrechte Stengel, zweipaarige Blättchen, große längliche, unten gekerbte Blätter. Die Nebenblätter haben an den Blattachseln den charakteristischen violetten bis roten Fleck. Der Blattstiel endet in einer verzweigten Wickelranke. Die Blütenfarbe ist bunt, rosa oder violett. Die Samenfarbe wechselt zwischen gelb, grau und graugrün. Die Pfahlwurzel mit vielen Nebenwurzeln ist mit Knöllchenbakterien besetzt.

Standortansprüche. Ideal sind frische Mittelböden in sonnenreicher Lage. Für leichtere Böden eignet sich die anspruchslosere Form der schwarzsamigen Peluschke. Trockene Standorte fallen ganz aus. Da der Boden Feuchtigkeit halten muß, sind Sandböden nicht geeignet. Gemäßigtes, feuchtwarmes Klima fördert den Wuchs. Im Jugendstadium verträgt die Erbse leichte Kältegrade, danach hat sie aber mehr Wärmebedarf.

Sorten. Relativ neu ist der verbänderte (fasciata)-Wuchstyp. Bei diesen Sorten sitzen die Blüten alle in einem Schopf zusammen und blühen gleichzeitig ab. Diese Formen lagern nicht so leicht, sie bleiben auch kürzer im Wuchs.

Bestellung. In ein gut vorbereitetes Saatbett kann ab Ende März gesät werden. Reinsaatmenge 100—200 kg/ha. Reihenabstand 15—20 cm. Saattiefe 4—6 cm. Als Stoppelsaat wird ab Mitte Juli gedrillt, seltener in Reinsaat. Hülsenfruchtgemenge verdienen den Vorzug. TKG sehr schwankend von 120—250 g.

Düngung. Höchstens eine schwache N-Gabe zum Start (10—20 kg/ha), da die Erbse selbst Stickstoff sammelt. Eventuell ist Kalkung angebracht. 100 kg/ha P_2O_5 und 100—200 kg/ha K_2O werden meist der Vorfrucht schon mitgegeben.

Ernte. Nach 100—120 Vegetationstagen erfolgt der Grünschnitt bei beginnender Blüte. Ernte bis Mitte Oktober. Verträgt bis —5° C. Ertragserwartung: 200—400 dt/ha Grünmasse oder 35—40 dt/ha TM.

Verwertung. Hauptsächlich zur Grünfütterung meist in Gemengen, die auch siliert werden können. Weniger für technische Trocknung geeignet. Kann beweidet werden.

Gründüngung. Die Erbse hat ein gutes Bodenaufschließungsvermögen. Als Stickstoffsammler ist sie eine wertvolle Gründüngungspflanze, deren oberirdische Masse abstirbt. Wurzelmasse: 12—14 dt/ha TM. In Rübenbaugebieten trägt sie nicht — wie die Cruciferen — zur Ausbreitung der Nematoden bei. Mit sich selbst ist sie wenig verträglich, hat aber gute Vorfruchtwirkung. Bienenpflanze.

Grünrübsen 29

Brassica rapa L. var. *silvestris,* ssp. *oleifera* DC ⊙

Charakteristik. Rübsen, ein schnellwüchsiger Kreuzblütler, wird zunehmend im Winterzwischenfruchtbau, insbesondere auch zu Gründüngungszwecken genutzt. Dafür wird fast ausschließlich die Winterform verwandt; Sommerrübsen hat fast keine Bedeutung mehr. Als winterfeste Zwischenfrucht liefert Grünrübsen schon im April frühestens, eiweißreiches Grünfutter. Trotz geringer Erträge ist es als ziemlich sicheres Übergangsfutter besonders vor dem Weideauftrieb willkommen.

Standortansprüche. Für fast alle, besonders auch rauhere Lagen und auf leichten Böden geeignet. Bevorzugt luftfeuchtes Klima. Anspruchsloser als Winterraps.

Sorten. Nach dem Zeitpunkt des Aufblühens werden unterschieden: besonders frühe, aber weniger ertragreiche und mittelspäte bis späte blattreichere, ertragreichere Zuchtsorten. Nur für die Grünnutzung wurde mit Perko PVH eine besondere Art zugelassen, bei der es sich um eine Kreuzung aus tetraploidem Winterrübsen × tetraploidem Chinakohl handelt. Sie ist im Sommerzwischenfruchtbau hauptsächlich für Gründüngungszwecke stark verbreitet. Sie ist blatt- und ertragreicher, schnellwüchsig, hat geringere Blühneigung und ist mehrschnittig. Zur Vermeidung von Ertrags- und Qualitätsabfall muß rechtzeitig geschnitten werden. Nach zeitigem 1. Schnitt sind weitere Futterschnitte möglich.

Bestellung. Für den Winterzwischenfruchtbau beginnt die normale Saatzeit ab 1. September. Grünrübsen verträgt etwas spätere Saat als Raps. Bei früherer Aussaat Juni/Juli ist durch entsprechende Düngung bei stärkerer Entwicklung eine Nutzung im Herbst — evtl. durch Beweidung — möglich. Reinsaatmenge 10—14 kg/ha, TKG 3—5 g. Reihenabstand 22 bis 25 cm, 1—2 cm Saattiefe. Gesät wird in genügend gesetztem Boden. In trockenen Jahren besteht Gefahr durch Erdflöhe.

Düngung. Rübsen verwertet vorweg gegebene organische Dünger wie Stallmist und Jauche gut, dazu Mitte Februar bis Anfang März zur Erhöhung des Gesamtertrages und des Eiweißgehaltes 100 kg/ha N. Bei früherer Aussaat Juni/Juli zur Herbstnutzung werden 60—100 kg/ha N und ausreichende Phosphat- und Kalidüngung verabreicht.

Ernte. Grünrübsen muß vor Beginn der Blüte, etwa ab letzter Aprildekade, geerntet sein bzw. beweidet werden. Nicht überständig werden lassen! Ertragserwartung an Grünmasse 300—500 dt/ha, Trockenmasse 35—48 dt/ha.

Verwertung. Spätestens bis Blühbeginn Grünfutter oder Weide. Wegen begrenzter Nutzungsdauer dem Bedarf entsprechend ansäen, etwa 1,5 a/GVE. Darüber hinaus vorhandenes Futter bei Höchsterträgen gehäckselt silieren unter Zusatz von Siliermitteln.

Gründüngung. Rübsen wird zunehmend zur Gründüngung angebaut. Relativ schnelle Bodenbedeckung und Schattengare. Mittlere Ernterückstände führen bei diesem Tiefwurzler zu guter Gründüngungsleistung. Wurzelmasse 9—10 dt/ha TM. Bei nicht allzu starker Bodenbeanspruchung eine gute Vorfrucht für sicheren Zweitfruchtanbau, z. B. Mais. Nicht in Rübenbetrieben.

Futterraps Abb. 30

Brassica napus L. ssp. *oleifera* ⊙ ①

Charakteristik. Die altbekannte Ölpflanze Winterraps wurde erst verhältnismäßig spät auch bei den Futterpflanzen eingeordnet. Die beiden als Futterpflanzen jetzt angebauten Formen Sommerraps und Winterraps, die in wesentlichen Merkmalen voneinander abweichen, sind sowohl anbautechnisch als auch von der Verwertung her zu unterscheiden.

Einige besonders beim Sommerzwischenfruchtbau wichtige Eigenschaften im Vergleich:

	bei Sommerraps	bei Winterraps
Nutzung	einjährig	auch überjährig
Saatzeit	spät, sonst kurze Vegetationszeit	längere Vegetationszeit frühe bis späte Saat möglich
Entwicklung	rasch, Blühneigung stark	zögernder, Blühneigung fehlt
Wachstumszeit	durch Blüte bzw. Frosteintritt begrenzt	lang, evtl. über Winter
Wuchshöhe	lang bis sehr lang	mittel bis lang
Stengel	dick, ziemlich grob	rel. dünn, markhaltig
Blattanteil %	ca. 50	bis 90
Frostempfindlichkeit	stark	sehr gering
Erntezeit	früh (vor der Blüte)	spät noch möglich
Weidefähigkeit	gering bis mittel großer Weiderest	gut bis sehr gut kaum Weiderest
Schmackhaftigkeit (bei Beweidung)	im jungen Zustand gut, später verholzend	stets gerne gefressen
Wurzelmasse dt/ha TM	8,5	10,4

Standortansprüche. Für Futterraps eignen sich alle besseren, nährstoffreichen und tätigen Böden in gutem Kalkzustand, ausgesprochen saure und sehr trockene Sandböden sollten dagegen ausscheiden. Ausreichende Wasserversorgung ist notwendig. Sommerraps versagt in Jahren mit kaltem Spätsommer bzw. frühem Herbst.

Sorten. Zu den älteren Sommerrapssorten kamen ab 1969 für Grünnutzung bestimmte Winter- und Wechselrapsformen, die zunehmend an Bedeutung gewannen. Neuerdings gibt es neben den erucasäurehaltigen auch erucasäurefreie Grünrapssorten. Neuere, senfölfreie Futterrapse sind im Kommen.

Bestellung. Für den Anbauerfolg sind neben der Herbstwitterung nach örtlichen Erfahrungen abgestimmte Saatzeiten entscheidend. Der **Sommerraps** soll im Herbst nur noch bis zur Knospenbildung kommen. Unter ungünstigen Verhältnissen kann schon Ende Juli in ein gut gefestigtes Saatbett gesät werden, bei günstigeren Voraussetzungen aber erst Anfang bis Mitte August, später noch für Gründüngung. Reinsaatmenge 6—10 kg/ha, für reine Gründüngung auch 15 kg/ha. Reihenabstand 25 cm, Saattiefe 1—2 cm. Dadurch optimale Bestände, die nicht zu früh blühen. **Winterraps** ist dagegen unabhängiger von der Saatzeit. Für den Sommerzwischenfruchtbau liegt die optimale Saatzeit im August, er kann aber auch schon vorher und nachher, im Winterzwischenfruchtanbau noch bis September mit 8—10 kg/ha ausgesät werden. TKG: 3—6 g. Bei Überwinterung N- und K-Düngung verstärken.

Düngung. Gute Stickstoffversorgung trägt zur Bildung von viel Blattmasse und zum späteren Eintritt in die Blühphase bei.
Diese schnellwachsenden eiweißreichen Futterpflanzen verlangen 100 bis 200 kg/ha N, evtl. in zwei Gaben, $^1/_2$ zur Saat und $^1/_2$ als Kopfdüngung. Dadurch Anreicherung des Eiweißgehaltes und Verzögerung der Blüte. Auch Güllegaben sind gut möglich. Wenn nicht schon zur Vorfrucht mitgegeben, sind außerdem 120—160 kg/ha P_2O_5 und 180—240 kg/ha K_2O zu düngen.

Ernte. Bei beiden Rapsformen liegen auch die Erntezeiten unterschiedlich. Je früher die Saatzeit, um so kürzer ist auch die Wachstumszeit bis zum Blüheintritt und damit die Erntereife. Späteste Ernte also bei Beginn der Knospenbildung, ab September/Oktober. Sommerraps steht schon nach 8—10 Wochen als Grünfutter zur Verfügung. Bei zögerndem Wachstum des Winterrapses kann sich dagegen seine Nutzung über einen längeren Zeitraum erstrecken. Im Winterzwischenfruchtbau angebaut, kann er im Frühjahr unmittelbar anschließend an Winterrübsen im zeitigen Frühjahr etwa vom 25. 4.—5. 5. und auch noch später grün geerntet werden. Je nach Saatzeit und Voraussetzungen liegen die Ertragserwartungen bei Sommerraps und Winterraps bei 300—400—500 dt/ha Grünmasse oder 45—50—60 dt/ha Trockenmasse.

Verwertung. Grünraps findet vielseitige Verwendung. Zu verschiedenen Zeiten kann er vom Felde weg grün verfüttert werden. Das wohlschmeckende saftige, gern gefressene Futter wirkt günstig auf Milchertrag und Fettgehalt. Zweckmäßig sollten nicht zu große Tagesrationen unter Beifütterung von Stroh gereicht werden. Vorsicht bei hohen Güllegaben. Beide Rapsformen können auch bei Überständigwerden und Futterwertverlust gehäckselt siliert werden. Besonders Winterraps ist auch als ideale Herbstweide bis in den Winter hinein brauchbar.

Gründüngung. Wertvolle Gründüngungspflanzen, besonders auch der spät gesäte Winterraps. Die letztere Nutzungsform hat wegen des oft verspäteten Mähdruschs große Ausdehnung erfahren. Die Rapsdecke trägt im Winter zum Bodenschutz bei. Sie bringt Schattengare, Humusmehrung und Bodenaufschluß. Neben wasserhaltender Kraft legt sie Nährstoffe fest und sorgt mit einem dichten Wurzelnetz wie auch durch die Pfahlwurzel und hohen Ernterückstände (30 dt/ha TM) für gute Gründüngungsleistung. In rübenbauenden Betrieben ist wegen der Nematodengefahr Vorsicht geboten.

Futterkohl (Markstammkohl) Abb. 31

Brassica oleracea L. var. *medullosa* (Alef) Thell. ⊙ ①

Charakteristik. Futterkohl ist eine formenreiche Art. Es sind meist mehr massenwüchsige, blattreiche Pflanzen mit großen Blättern von grüner bis rotvioletter Farbe (Blaustrunk). Gute Unterscheidungsmerkmale sind Länge und Dicke der Stengel (Stämme), die, meist markhaltig, nicht leicht verhärten. Sehr unterschiedlich ist das Blatt-Stengel-Verhältnis. Hervorstechende Eigenschaften sind der hohe Eiweißgehalt und eine Frosthärte, die bis —15° C reicht.

Standortansprüche. Frische, humusreiche, leichte bis mittlere Mineral- und gute Moorböden in gutem Kalkzustand sind ideale Standorte. Luftfeuchtes Klima — Nordwestdeutschland — wird bevorzugt, aber auch rauhere Lagen sind wegen der Frosthärte für den Anbau durchaus geeignet. Tiefgehende Wurzeln gewährleisten eine gute Widerstandsfähigkeit gegen Trockenheit, so daß Futterkohl mit ungünstigeren Feuchtigkeitsverhältnissen noch besser fertig wird als z. B. die Kohlrübe.

Sorten. Nach dem Typ werden unterschieden: **Blattkohl,** mit kürzestem Wuchs, geringem Stengel- aber hohem Blattanteil ($^2/_3$), geringem Blattabwurf (15—20 %) und bester Frosthärte. **Markstammkohl,** wohl am stärksten im Anbau, kommt aus einer Kreuzung Blätterwinterkohl × Kohlrabi. Mittel bis lang, je nach Sorte. Noch spät weiterwachsend und für späte Ernte. Bei stark verdicktem, markhaltigem Stamm mit ganzrandigen Blättern beträgt das Blatt-Stengelverhältnis rd. 1 : 1, Blattabwurf etwa 30 %. **Strunkkohl,** sehr langer Wuchs mit ausgeprägtem Strunk- und nur geringem Blattanteil (20 %). Ziemlich früher starker Blattabwurf (60 %); früher begehrt zum „Abblatten". **Rosenkohl,** als Gemüsepflanze angebaut, wird nach Aberntung der Rosen mit verbleibenden Blättern und Strünken im Kuhstall mit Erfolg verfüttert.

Bestellung. Nach mitteltiefer Pflugfurche wird der Acker sauber hergerichtet. Gesät wird in ein gut abgesetztes Saatbett. Die früher übliche Pflanzung (heute maschinell) kann allgemein nicht mehr empfohlen werden. Aus arbeitswirtschaftlichen wie auch ernte- und fütterungstechnischen Gründen hat sich Drillsaat weitgehend durchgesetzt. Neben dem Zweitfrucht/Zwischenfruchtanbau wird ab Juni bis Ende Juli Markstammkohl besonders in größeren Betrieben auch in Hauptfrucht ab März/April angesät. Normalsaat 25—35 cm Reihenentfernung. Mit 3—4 kg/ha Reinsaatmenge — Pillensaat 6 kg/ha — wird auf 1—2 cm Tiefe bei einem Reihenabstand von 40—60 cm gedrillt. TKG: 4—4,5 g. Nötigenfalls können solche Bestände gehackt werden.

Düngung. Futterkohlarten stellen allgemein hohe Ansprüche an die Nährstoffversorgung. Hohe Grünmasseerträge erfordern vor allem starke N-Düngung. Stallmist und Gülledüngung kann untergebracht werden. Nach eigenen Versuchen lag bei 60 cm Reihenentfernung die optimale Stickstoffdüngung bei 250 kg/ha, die in zwei Gaben verabreicht wird. Zur harmonischen Düngung gehören außerdem 120—150 kg/ha P_2O_5 und 200—280 kg/ha K_2O (magnesiumhaltig). Zweitfrucht 100—140 kg/ha N.

Ernte. Der Nutzungszeitpunkt wird vom Anbauverfahren wie auch vom Bedarf für Grünfutter bestimmt. Nach ca. 100 Entwicklungstagen können Drillbestände erntereif sein, während gepflanzter Markstammkohl bis zur vollständigen Reife längere Wachstumszeit braucht. Bei gutem Regenerationsvermögen kann Hauptfrucht-Markstammkohl auch zweimal beerntet werden. Dann wird im Juli zum ersten Mal mit einer Stoppellänge von 10 cm geschnitten, worauf der 2. Aufwuchs weiterwächst und sehr spät ein zweiter Ertragsschnitt möglich ist. Der Futterkohl ist eine ertragssichere Pflanze. Dennoch können die Ertragserwartungen je nach Standort, Jahreswitterung, Sorte und Anbauverfahren mit verschiedenen Blattanteilen großen Schwankungen unterliegen:

Als Hauptfrucht werden 700—1 000 dt/ha Grünmasse bzw. 80—130 dt/ha TM, als Zweitfrucht werden 300—600 dt/ha Grünmasse bzw. 40—80 dt/ha TM geerntet.

Als Stoppelsaat (Aussaat bis Mitte Juli) kann noch mit 35—40 dt/ha TM gerechnet werden. Die Hauptfrucht Markstammkohl kann sich in Nährstoff- und Trockenmasse-Ertrag durchaus mit Futterrüben, Kohlrüben und Silomais messen. Die Blätter enthalten $1^1/_2$mal mehr an Rohprotein und Mineralstoffen als der Stengel.

Verwertung. Futterkohlarten dienen hauptsächlich zur Frischverfütterung in einer weiten Zeitspanne vom Sommer bis zum Winter (—15° C). Sie bringen als letztes Grünfutter der Saison ein carotinhaltiges, hochverdauliches und gut bekömmliches, eiweißhaltiges Futter. Überschüssige Mengen können siliert werden. Künstliche Trocknung schafft wertvolles Trockengrün. Ideale Ergänzung zum Silomais. Tagesgaben von 30 kg je Kuh sollten wegen der Gefahr des Bluthamens nicht überschritten werden.

Gründüngung. Die tiefwurzelnde Pflanze hat verbunden mit ausgezeichneter Schattengare einen guten Vorfruchtwert. Bei hohenErnterückständen (bis 40 dt/ha) und Wurzelmengen von 8—10 dt/ha TM ist die Gründüngungsleistung mittel.

Kohlrübe (Steckrübe, Wrucke) Abb. 32

Brassica napus L. (*naprobrassica* L. Peterm.) ⊙

Charakteristik. Die Kohlrübe dient außer als Viehfutter auch zu Speisezwecken. Charakteristisch sind Form und Farbe der Rüben. Zwischen stark abgeplatteten und kugelig-olivförmigen Typen gibt es Übergänge. Während der im Boden sitzende Rübenkörper weiß bis weißlichgelb ist, wechselt die Farbe des oberirdischen Teiles je nach Sorte von gelbgrün, grün, bronzefarben bis violettrot. Die Fleischfarbe ist weiß oder gelb. Die Blätter sind durch Form und Farbe und in Größe und Stellung gut unterscheidbar. Sie sind entweder ganzrandig oder häufiger stark eingeschnitten. Ihre Farbe ist meist graugrün, je nach Ausprägung der sie immer überziehenden Wachsschicht. Im Gegensatz zum Blatt der Stoppelrübe ist das Kohlrübenblatt glatt. Charakteristisch für die Kohlrübe sind ihre Robustheit und die Schnellwüchsigkeit „Drei-Monats-Pflanze". Bei kurzer Vegetationszeit zeigt sie besondere Eignung als Zweit- oder Stoppelfrucht. Das damit verbundene arbeitsaufwendige Pflanzverfahren weicht im modernen Anbau der Drillsaat. Von der damit ermöglichten Vollmechanisierung zum vereinzelungslosen Rübenbau hängt die weitere Zukunft der Kohlrübe ab. Der weitere Rückgang der Anbaufläche könnte dadurch aufgehalten werden. Diese Futterhackfrucht wird in den für ihren Anbau geeigneten Gebieten eine Bedeutung behalten — so auf den leichten Böden Schleswig-Holsteins und Niedersachsens sowie in Mittelgebirgslagen und kleineren Arealen NRW.

Standortansprüche. Die Kohlrübe stellt im Vergleich mit der Runkelrübe viel geringere Ansprüche an Boden und Klima. Unter Ausnutzung der verkürzten Vegetationszeit ist sie in ihren Leistungen in extremen Lagen der Runkelrübe überlegen. Leichtere und auch moorige Böden, ja sogar schwere, ungare Böden sind nach Direktkalkung noch geeignet. Sie ist weniger frostempfindlich (—8° C) und verträgt Nässe und Kälte besser als die Runkelrübe. Sie hat geringeren Wärmebedarf; trockene Standorte mit viel Sonnenschein sagen ihr nicht zu. Sie ist die spezifische Pflanze des „kühlen, luftfeuchten, wolkenreichen Klimas", und deswegen eignet sie sich auch für rauhe Höhenlagen.

Sorten. Gute Sorten sind weniger bekannt. Jedoch kommt der Wahl — z. Z. unter 9 Sorten — besonders im Hinblick auf den modernen Anbau entscheidende Bedeutung zu. Große Sortenunterschiede bestehen in bezug auf Wüchsigkeit, Schoßfestigkeit, Gesundheit (Kohlhernie), Haltbarkeit, aber auch in der Rübenform (Sitz im Boden und Rodbarkeit). Nach der Rübenfleischfarbe wird unterschieden in weiß- und gelbfleischige Sorten, von denen in Notzeiten die letzteren mehr für Speisezwecke herangezogen werden, während die weißfleischigen Sorten durchweg ertragreicher sind.

Bestellung. Nach sorgfältiger Bodenbearbeitung kann ab Ende April Direktsaat bis etwa Mitte Juni vorgenommen werden. Reinsaatmenge 2—3 kg/ha, TKG 2,5—3 g. Reihenabstand 40—50 cm, Saattiefe 1—2 cm. Hierbei ist arbeitsaufwendiges Vereinzeln notwendig.

Zur Ersparung von Handarbeit wird daher heute mit Einzelkornsägeräten gerne pilliertes Saatgut ausgesät. Saatmenge 5—6 kg/ha, Reihenabstand 50 cm, Abstand in der Reihe 5—8 cm. Pflanzverfahren, Düngung, Krankheiten u. Schädlinge s. Teil 2.

Ernte. Die Kohlrübe kann (bei weiterem Zuwachs) noch später als andere Rüben im Oktober/November geerntet werden. Kohlrüben sind nicht so ertragssicher wie etwa Markstammkohl, besonders in Trockenjahren mit viel Sonnenschein liegen ihre Erträge niedriger. Die Ernte erfolgt heute ähnlich wie bei den Futterrüben meist maschinell. Die Ertragserwartungen schwanken je nach Anbauverfahren. Zweitfruchtkohlrüben bringen durchschnittlich etwas geringere Erträge als Hauptfruchtrüben. Im Mittel der Jahre 600—1 000 dt/ha Rüben und 80—100 dt/ha Blatt (TM 50—100 dt/ha). Die Rüben haben hohen Carotingehalt, aber geringeren Zuckergehalt in der Trockenmasse.

Verwertung. Die Kohlrübe wird nach Lagerung in Mieten hauptsächlich zur Frischverfütterung eingesetzt. Die Lagerfähigkeit hängt sehr von der Gesundheit der Sorte ab. Das Laub wird seltener verfüttert als bei der Runkelrübe. Bei einer Verdaulichkeit von etwa 97 % weist die Kohlrübe einen hohen Futterwert auf und ist als Saftfutter für den Winter von allen Tierarten begehrt. Gedämpft auch für die Schweinemast. Die Tagesrationen sollten bei 20—30 kg je Tier liegen.

Gründüngung. Eine Gründüngungsleistung ist bei kaum vorhandenen Rückständen und nur geringer Schattengare nicht vorhanden. Der Vorfruchtwert ist nur mittel.

Stoppelrübe (Herbst- oder Wasserrübe) Abb. 33
Brassica rapa L. ssp. *rapifera* ⊙ ①

Charakteristik. Die Stoppelrübe gehört zur großen Familie der Cruciferen. Sie ist eine blattreiche, breitblättrige, schnellwachsende Futterpflanze mit einer zur Knolle verdickten Wurzel (Rübe). Die einjährige Pflanze besitzt mittlere Frosthärte. Diese altbewährte Futterpflanze bleibt wichtigste Sommerzwischenfrucht. Anbauschwerpunkte liegen im nordwestdeutschen Raum: Niederrhein, Westfalen, Niedersachsen, weniger stark im süddeutschen Höhengebiet. Die Umstellung von Handarbeit auf maschinelles Roden hat zur Erhaltung einer konstanten Anbaufläche (von rd. 150 000 ha) beigetragen. Sie bleibt die Stoppelfrucht mit hoher Ertragssicherheit. Genutzt werden Knollen und Blätter. Sie liefern in kurzer Vegetationszeit billiges Futter, das mancherorts absolut zur winterlichen Stallfütterung gehört und mit dem die Grünfutterzeit bis in den Winter hinein verlängert wird.

Standortansprüche. Stoppelrüben gedeihen am besten auf leichteren, frischen, humosen Böden im luftfeuchten Klima sowie auf mittleren, kalkhaltigen Böden. Dagegen gehören sie nicht auf schwere Böden, die zur Verschmutzung des Erntegutes führen; hier wird sie besser durch Futterkohl u. a. ersetzt. Herbstrüben haben einen geringen Wärmebedarf und lieben hohe Niederschläge.

Sorten. Es stehen neue Zuchtsorten zur Verfügung, auch tetraploide. Der Sortenwahl kommt große Bedeutung zu. Vorgesehene Erntezeit und Nutzungsart, Frostverträglichkeit und andere Werteigenschaften spielen dabei eine wichtige Rolle. Die frühreife Sortengruppe enthält meist Sorten mit eingeschnittenen Blättern. Für Spätrodung finden die spätreifen Sorten mit frosthärteren, ganzrandigen, länger grünbleibenden Blättern Verwendung. Weitere wichtige Sorteneigenschaften sind Rodbarkeit (Sitz im Boden), Blatt-Rübenverhältnis, Krankheitsresistenz (Kohlhernie) und gesundes Blatt.

Bestellung. Als echte Zwischenfruchtpflanze folgt die Stoppelrübe meist nach Wintergerste und Roggen oder ähnlich frühen Vorfrüchten. Nach Bereinigung des Ackers vom aufgelaufenen Unkraut bzw. Getreideaufschlag und leichter Pflugfurche mit anhängender Krümelegge wird unter Erhaltung der Bodenfeuchte in das frische Saatbett gedrillt. Früher beliebte Breitsaat macht Pflegearbeiten unmöglich. Daher Reihenabstand 40—50 cm, der auch die Rodung mit der Maschine erleichtert. Die optimale Saatzeit liegt an der Juli-Augustwende. Vielfach ist in der Praxis die Saatstärke viel zu hoch und der Bestand zu dicht. Reinsaatmenge 1 kg/ha bzw. 3 kg/ha pillierte Saat, evtl. Spezialsägeräte. Der Abstand in der Reihe beträgt 8—10 cm. TKG 1,5—3,3 g. Flach aussäen.

Düngung. Stoppelrüben sind für starke Stickstoffdüngung von 100—160 kg/ha N dankbar. Schnellwirkende Dünger und auch Jauche/Gülle sind vorteilhaft. Für eine Vollernte sind auch 90—120 kg/ha P_2O_5 und 120 bis 160 kg/ha K_2O angezeigt.

Ernte. Frühe Sorten bringen beim Erreichen der physiologischen Reife (Vergilben der unteren Blätter) — meist schon nach 80 Tagen — erntewürdige Massen. Späte Sorten, die bis 8° C Frost vertragen, können nach 100 Tagen bis in den Dezember frisch verfüttert werden. Die Erträge liegen bei 500—700 dt/ha Grünmasse mit schwankenden Anteilen von Blatt (45—54 %). Die Trockenmasseerträge erreichen 50—60 dt/ha.

Verwertung. Das von den Tieren begierig gefressene Grünfutter (Rübe und Blatt) ist frisch vom Felde weg ein gutes Milchfutter. Wegen des Senfölgehaltes sollten die Tagesgaben je Tier 50 kg nicht überschreiten. Möglichst nach dem Melken zusammen mit Wiesenheu oder Stroh und Mineralstoffen füttern. Alle Maßnahmen zur Verringerung des Sand- und Schmutzanteiles wirken sich günstig aus. Neuerdings wird bei trockener Witterung und auf leichten Böden gerne Beweidung mittels E-Zaun durchgeführt. Grundsätzlich kann die Stoppelrübe auch leicht siliert werden. Die dabei auftretenden hohen Verluste werden durch Häckselung und damit Begünstigung des Saftabflusses geringer. Bei guten Silierresultaten geht der Senfölgehalt um die Hälfte in der Silage zurück.

Gründüngung. Die Stoppelrübe hinterläßt geringe Ernterückstände (etwa 2 dt/ha TM). Die Gründüngungsleistung ist nicht hoch, weshalb sie auch trotz geringer Saatkosten nur selten zu diesem Zweck angebaut wird. Der Vorfruchtwert der Stoppelrübe ist gering. Sorgfältige Pflugarbeit ist zur Vermeidung von Schwierigkeiten in den Nachfrüchten erforderlich.

Ölrettich Abb. 34

Raphanus sativus, var. *oleiferus* (DC) Metzg. ⊙

Charakteristik. Ölrettich ist eine schnellwachsende, einsömmrige Pflanze mit starkem Blattwuchs. Blätter und Stengel sind behaart. Tiefgehende Pfahlwurzel. Gehalt an Senföl.

Standortansprüche. Anspruchslos, gedeiht noch auf leichteren, auch leicht sauren Böden. Bei geringer Empfindlichkeit gegen Trockenheit hat Ölrettich nur mittlere Feuchtigkeitsansprüche und ist nicht sehr spätfrostempfindlich.

Sorten. Es gibt einige, nicht stark voneinander unterschiedene Sorten.

Bestellung. Die Saatzeit reicht von Ende Juni bis in den September. Frühe Saat führt zu früher Blüte ohne viel Massenbildung. Augustsaaten bringen die höchsten Erträge. In trockenen Jahren kann sich der Aufgang der Saat um bis zu 10 Tagen verzögern.

Reinsaatmenge 18—22 kg/ha. TKG: 11—13 g,
Reihenabstand 20 cm, Saattiefe 1—2 cm.

Düngung. Starke Stickstoffdüngung von 80—120 kg/ha N sowie 90—120 kg/ha P_2O_5 und 120—150 kg/ha K_2O führen zu guten Erträgen.

Ernte. Zwischen Aufgang und Ernte liegen 40—60 Tage. Am besten erntet man im Schotenstadium. Ertragserwartung je nach Erntezeit 300—400 dt/ha Grünmasse entsprechend 40—50 dt/ha TM.

Verwertung. Ölrettich wird wegen mäßiger Schmackhaftigkeit (Senföl) nicht gerne gefressen. Er steht in der Beliebtheit des Futters zwischen Senf und Sommerrübsen. Am besten frisch im Schotenstadium verfüttern. Kann siliert werden mit den Schoten und wird dazu gerne in Gemengen angebaut. In beschränktem Maße ist Herbstweide möglich, dabei hohe Weidereste.

Gründüngung. Zunehmende Bedeutung als Gründüngungspflanze mit tiefgehender Pfahlwurzel. Wurzelmasseertrag 12—14 dt/ha TM. Schnellwüchsig und spätsaatverträglich. Garefördernd. Rübennematodenneutraler als andere Cruciferen, weitgehend resistent gegen Kohlhernie. Mit sich selbst verträglich. Kommt der Unkrautbekämpfung durch schnelle Bodenbeschattung entgegen. Queckenbekämpfung mit Nata möglich. Bienenpflanze.

Grünsenfarten Abb. 35

Gelbsenf (Weißer Senf), *Sinapis alba*
Schwarzsenf (Braunsenf), *Brassica nigra* L.
Sareptasenf, *Brassica juncea* L. ⊙

Charakteristik. Artenreiche Pflanzengruppe. Ausgesprochen schnellwachsende, einjährige Pflanzen, meist sehr blattreich, fast ausschließlich als Zwischenfrucht angebaut. Nur in jungem Zustand als Futter zu verwenden (Notfutter). Heute in zunehmendem Maße als Gründüngung, aber auch als Stützfrucht in Futtergemengen sowie als Deckfrucht für Untersaaten und vor Zweitfrüchten angebaut. Vielfach sind die Pflanzenteile, besonders die Blätter, borstig behaart. Sie enthalten, besonders bei Blühbeginn, viel Senföl.

Standortansprüche. Senf stellt an den Boden keine besonderen Ansprüche. Bevorzugt werden mittlere bis leichte, nicht kalkarme Böden. Wenig geeignet für trockene und versauerte Böden sowie für heiße Lagen, wohl aber in rauheren Berglagen zu verwenden, da 5° C Frost vertragen werden.

Sorten. Die größte Bedeutung hat der Weiße Senf, *Sinapis alba* L., der gelb blüht. TKG 4—8 g. Erst in allerjüngster Zeit tauchen im Zeichen ausgedehnterer Gründüngung andere Senfarten der Gattung Brassica auf: *Brassica nigra* L., Schwarzer Senf, besonders schnell den Boden deckend, nicht so hochwachsend, entwickelt große Blattmassen. Nachteilig ist der Prozentsatz an hartschaligen Samen und das leichte Aufplatzen der Schoten bei der Reife. TKG: 2,5 g. Der Sarepta-Senf, *Brassica juncea* L., kommt als ganz anders geartete Pflanze mit gelbem Korn mehr für wärmere Standorte in Frage; unter kühleren Verhältnissen bringt er geringere Erträge. Er blüht später (gelb). Die letztgenannten Arten sind noch wenig im Anbau, sie kommen fast nur für Gründüngung in Frage.

Bestellung. Je nach Nutzungszweck wird zu verschiedenen Zeiten ausgesät. Bei früher Aussaat frühe Blüte und damit als Futter wertlos. Wegen seiner Spätsaatverträglichkeit kann Senf noch nach späträumendem Getreide von Ende August bis 25. September zur Gründüngung ausgesät werden. Reinsaatmenge 15—20 kg/ha. TKG: 3,2—3,5 g. Reihenabstand 18—20 cm, Saattiefe 1—2 cm in ein gefestigtes Saatbett, das gut gewalzt wird.

Düngung. Wie jede erfolgreiche Sommerzwischenfrucht verlangt der Senf als großer Nährstoffzehrer reichliche Mineraldüngung. Stickstoffdüngung 70—80 kg/ha N beschleunigt das Blattwachstum und verlangsamt den Blühvorgang. 90—120 kg/ha P_2O_5; 120—160 kg/ha K_2O.

Ernte. Schon nach 8 Wochen nutzungsreif. Je nach Erntezeit, die durch die Blüte bestimmt wird, ist mit einem Grünmasseertrag von 100—200 (—250) dt/ha oder 25—35 (—40) dt/ha Trockenmasse zu rechnen. Der Futterwert ist gering.

Verwertung. Evtl. frühe Beweidung mit Wanderzaun. Senfgrünfutter wird nicht gerne und nur in jungem Zustand vor dem Blühen gefressen. Möglichst mit hoher Stoppel schneiden (Senfölbildung). Im Gemisch mit anderen Grünpflanzen können größere Mengen auch gehäckselt und mit Sicherheitszusätzen vor der Blüte siliert werden. Futter- und Stärkewert sind gering.

Gründüngung. Durch die verstärkte Verwendung als Gründüngungspflanze hat der Senf eine Aufwertung erfahren. Bei längerer Vegetationszeit bringt er Pfahlwurzeln, die bodenaufschließend wirken, dazu feine Seitenwurzeln zur Durchwurzelung der oberen Bodenschichten. Die Blätter erzeugen Schattengare. Ernterückstände nur mittel bis gering. 12—15 dt/ha TM Wurzelmasse. Sehr begehrt ist er wegen des „Abfrierens" der Pflanze im Winter. Auch verursacht er keine Schwierigkeiten beim Unterpflügen und bringt auch keinen Durchwuchs in der Nachfrucht. Senf hat keine gute Vorfruchtwirkung und ist besonders auch in der Fruchtfolge mit Beta-Rüben wegen Förderung des Rübennematoden mit Vorsicht zu verwenden.

Futterrübe (Runkelrübe) Abb. 36
Beta vulgaris L. ⊙

Charakteristik. Die Futterrübe ist eine alte, wertvolle und leistungsstarke Futterpflanze des Ackerbaues, ursprünglich aus dem maritimen Bereich. Sie liefert schnell große Futtermassen. Große, breite, ganzrandige Blätter decken früh den Boden. Für die Tierernährung ist sie besonders in kleinen milchkuhhaltenden Betrieben als Saftfutter fast unentbehrlich. Mit der stärkeren Ausdehnung von Silomais nahm der Futterrübenanbau — besonders aus arbeitswirtschaftlichen Gründen — ständig weiter ab. Dank Züchtung, Landtechnik und Pflanzenschutzforschung konnte aber der Arbeitsaufwand auf knapp 50 Akh/ha verringert werden; der Anbau ist nun von der Saat bis zur Ernte voll mechanisiert.

Standortansprüche. Die flachwurzelnde Futterrübe stellt an Boden und Klima geringere Ansprüche als Zuckerrübe und Mais. Sie liebt tiefgründige tätige Böden mit einwandfreiem Kalkzustand, gedeiht aber auch auf mildem humosem Sand und sandigem Lehm; auf sauren Böden ist die Kohlrübe überlegen. Hohe Temperaturen und starke Sonneneinstrahlung während der Hauptwachstumszeit sind nicht erwünscht. Während Mais bis zum Schossen auf größere Wassermengen angewiesen ist, hat die Rübe den größten Wasserbedarf in der zweiten Hälfte der Vegetationszeit.

Sorten. Fortschrittlicher, rentabler Futterrübenanbau wurde durch neue Zuchtsorten möglich. Der Trend verläuft zu monogermen (einkeimigen) Zuchtsorten aus Polyploid- und Hybridzüchtung. Angestrebt werden ausreichende Blattmasse, möglichst aufrechter Wuchs der Rübe mit gleichhohem Blattansatz, fester Sitz im Boden, ausgeglichene Rübenform, Schoßfestigkeit, Rodbarkeit und Haltbarkeit. Die Wahl der geeigneten Sorte erfolgt nach Anbaubestimmung, Saatgutart, nach Trockensubstanzgehalt von 10—18 % (Massen-, Mittel- oder Gehaltsrüben) und Rübenform.

Bestellung: Stallmist und Gründüngung werden am besten schon zur Vorfrucht gegeben. Warme, trockene Herbst-Tieffurche mit flachen Kämmen schont den Wasserhaushalt, zeitige Frühjahrsbodenvorbereitung unter Verwendung von Gerätekombinationen zur geregelten Durchlüftung, Wasserführung und Bodenerwärmung. Schaffung einer 3 cm lockergekrümelten Oberschicht auf abgesetztem Boden. Frühe Saat (Ende März bis Mitte April) schoßfester Sorten zur Vorverlegung der Erntezeit. Reinsaatmenge s. Teil. IV., S. 79 Reihenabstände 45—50 cm; Saattiefe 3—4 cm. TKG: Knäuel 25—40 g, kalibrierte Präzisionssaat 11—15 g, monogerme Pille 20—30 g. Chemische Unkrautbekämpfung im Vor- und Nachauflaufverfahren.

Düngung s. Teil IV., S. 80.

Ernte. Rodung ab Oktober möglichst mit Maschinen. Ertragssicher bringt die Futterrübe — je nach Rübensorte und Düngerversorgung — 700 bis 1 200 dt/ha Rübenfrischmasse, dazu 300—400 dt/Blatt, d. s. 120—180 dt/ha Rüben-TM und 30—50 dt/ha Blatt-TM.

Die Rübe hat ein günstiges Ca/P-Verhältnis von 1 : 1,0 bzw. : 0,9. Sachgerechte Lagerung und neue Methoden in der Verfütterung von der Miete bis zur Futterkrippe helfen weiter Arbeit einsparen.

Verwertung. Futterrüben stellen für Kühe, Jungvieh, Bullenmast, Sauen und Pferde ein sehr preiswertes Futter mit kraftfutterähnlichem Charakter dar. Zu der hohen Verdaulichkeit von 90 % kommt seine Bekömmlichkeit. Es steigert den Fett- und Eiweißgehalt der Milch. Nach Einführung des neuen Energie-Bewertungssystems (NEL/MJ) schneidet die Futterrübe besser ab als der Silomais, aber auch als Gerste- und Maisschrot wie auch als Trockenschnitzel. Damit rangiert sie vor der Maissilage, einer Konkurrentin in vielen Regionen.

Gründüngung. Bei fehlendem Bedarf an Grünfutter hat Rübenblatt zur Gründüngung zerkleinert untergepflügt gute Düngewirkung. Als Futterhackfrucht bringt die Rübe ausgezeichnete Schattengare und ist eine gute Vorfrucht.

Futtermöhre (Mohrrübe) 37

Daucus carota L. ssp. *sativus* ⊙ ①

Charakteristik. Als Feldfrucht ist die Möhre eine sehr alte Kulturpflanze. Obwohl sie im Zwischenfruchtbau beachtliche und wertvolle Futtermassen liefert, hat sie heute kaum noch Bedeutung. Im Futterwert unterschätzt, übertrifft sie darin Runkelrübe und Kohlrübe. Charakteristisch ist das mehrfach gefiederte Blatt. Die Blüten stehen in einer Dolde (Doldenblütler) von weißer Blütenfarbe. Die Möhre hat eine kräftige Pfahlwurzel.

Standortansprüche. Warme, lockere, tiefgründige, humus- und kalkreiche, sandige und lehmige Böden neutraler Reaktion sind die günstigsten Standorte. Die Möhre hat mäßige Feuchtigkeitsansprüche, sie liebt feuchtes Klima. Sie ist ziemlich frostunempfindlich und verträgt Kältegrade bis —5° C.

Sorten. Die Sortenfrage ist wichtig. Massenwüchsig ist die lange weiße, grünköpfige Möhre, die spitz in den Boden wachsend besonders für rauhere, auch gebirgige Lagen in Frage kommt. Die gelbrotfleischigen mittellangen Sorten mit abgestumpfter Wurzel werden gleichzeitig für Speisezwecke angebaut, sie sind besonders gehaltreich.

Bestellung. Vorwiegend Anbau unter Deckfrucht. Das bedingt Verzicht auf vollen Ertrag der Hauptfruchternte. Wegen der langsamen Jugendentwicklung wird so früh wie möglich (April) in ein abgesetztes, gartenmäßig hergerichtetes Saatbett gesät. Die Untersaat verträgt Beschattung der Deckfrüchte (Wintergerste, Roggen, Sommergerste) gut. Reinsaatmenge 2—4 kg/ha, Reihenabstand 30—50 cm, Saattiefe 1 cm. TKG: 1,8—2,0 g. Späteres Vereinzeln ist nötig.

Düngung. Nach früher Räumung der Deckfrüchte wird geeggt und später gekalkt. 100—150 kg/ha N folgen in zwei Gaben auf den Kopf. Gute Nährstoffversorgung besonders mit Kali — 150—200 kg/ha K_2O — ist Voraussetzung für den Anbauerfolg. Stallmist und Grunddüngung werden bei der Untersaat schon zur Deckfrucht gegeben.

Ernte. Die durchschnittliche Entwicklungszeit beträgt 210 Tage. Ab Ende Oktober kann das Laub abgeweidet werden, sonst muß es von den Möhren durch Abdrehen getrennt werden. Das Roden ist relativ schwierig, neuerdings auch Einsatz von Vollerntemaschinen. Die ziemlich sichere Ernte läßt Erträge von 200—400 dt/ha Möhren mit Laub erwarten. Sie haben einen hohen Gehalt an Carotin. Auch das Laub hat guten Futterwert.

Verwertung. Die Möhren und das Laub können, weil wenig frostempfindlich, bis spät in den Herbst hinein frisch vom Felde verfüttert werden. Spätere Ernten werden aus schmalen, niedrigen Mieten verfüttert. Ein gutes und gesundes Aufzuchtfutter. Winterliches Saftfutter besonders für Pferde, aber auch für Milchkühe und Schweine; sehr geeignet auch zur Gänsemast.

Gründüngung. Die Möhre liefert erst spät selbst Beschattung und hinterläßt keine bedeutenden Ernterückstände. Sie hat aber einen guten Vorfruchtwert. Sie sollen nicht zu schnell aufeinander folgen.

Sonnenblume Abb. 38

Helianthus annuus L. ⊙

Charakteristik. Während die Sonnenblume als alte Kulturpflanze im europäischen Verbreitungsgebiet, besonders in Rußland und in den Balkanländern, bevorzugt als Ölpflanze angebaut wird, dient sie in unserem gemäßigten Klima als Grünfutterpflanze im Zwischenfruchtbau. Als Zweitfrucht kommt ihr eine gewisse Bedeutung zu. Die einjährige, aufrechtwachsende, rauhhaarige Pflanze hat einen starken Stengel bis 200 cm hoch (nicht verzweigt). Große gestielte Blätter sind herzförmig und gesägt. Auffallend große Blütenstände. Korbblütler, Scheibe bis 45 cm. Die Samen haben verschiedene Färbung.

Standortansprüche. Sie bewährt sich auf weniger in Kultur befindlichen Böden, auf leichten bis anmoorigen Böden selbst saurer Reaktion. Auch in kühleren Lagen. Ihr Anbau sollte auf solche Gebiete beschränkt bleiben. Empfindlich gegen stärkere Frühfröste.

Sorten. Sortenübersicht s. Beschreibende Sortenliste Getreide, Mais, Ölfrüchte, Bundessortenamt.

Bestellung. Weiter Spielraum in der Saatzeit. Vom Ende der Spätfröste nach Winterzwischenfrüchten bis Mitte August noch als Stoppelfrucht. Reinsaatmenge 20—30 (—40) kg/ha mit von früh bis spät abfallendem Reihenabstand 40—25 cm oder Dibbeln auf 50 × 25 cm je Pflanzstelle 2—3 Korn. TKG: 27—32—57 g. Saattiefe 3—4 cm.

Düngung. Trotz Anspruchslosigkeit für reichliche Nährstoffversorgung sehr dankbar, bis 100 kg/ha N und entsprechend P_2O_5 und K_2O.

Ernte. Beim Ende des Knospenstadiums bis spätestens beginnender Blüte Juli-September. Grünmassenertrag 200—500 dt/ha und mehr; evtl. Maisersatz, 40—50 (—70) dt/ha TM.

Verwertung. Nur im jungen Zustand einigermaßen gefressenes Futter. Kurz häckseln und einen Tag vor der Verfütterung in kleinen Haufen leicht anwelken lassen. Es empfiehlt sich kurze Eingewöhnung der Tiere. Überständige Mengen können ohne Zusätze bei Beginn der Blüte siliert werden.

Gründüngung. Mit wenig entwickelter Hauptwurzel, aber zahlreichen Nebenwurzeln, 15—24 dt/ha TM Wurzelerntemasse, garebildende Gründüngungspflanze, die unkrautfreie Böden schafft. „Pionierpflanze". Mittlere Vorfrucht.

Topinambur („Knollensonnenblume") 39

Helianthus tuberosus L. ♃

Charakteristik. Topinambur ähnelt als Korbblütler (Composite) der Sonnenblume. Er bildet aber wie die Kartoffel an langen Stolonen Knollen aus, die in Größe, Form und Farbe sehr unterschiedlich sind. Die Pflanze wird bis 3 m hoch und hat einen markerfüllten Stengel. Die mehr oder minder langgestielten Blätter sind kleiner als die der Sonnenblume und variieren in Form und Behaarung. Kleinere Blüte; die Blühreife wird seltener erreicht. Topinambur bildet hohe, dichte Bestände. Als Grünfutterpflanze wird sie je nach Sorte ein- oder mehrschnittig genutzt. Sie hat keine große Anbaubedeutung.

Standortansprüche. Die Ansprüche an Boden und Klima sind so gering, daß Topinambur praktisch auf alle Böden paßt. Anmoorige und sandige Böden (ertragsarme Flächen) sind geeignet.

Sorten. Es gibt keine eigentlichen Zuchtsorten. Frühe, mittlere und späte Reifetypen unterscheiden sich auch im Blattanteil.

Bestellung. Ähnlichkeiten mit der Kartoffelbestellung. Am günstigsten werden die Knollen von März bis Mai gelegt. Pflanzmenge 10—14 dt/ha, Reihenabstand 60 × 45 cm, Pflanztiefe 10 cm. Topinambur eignet sich als Dauerkultur und wird nur selten kurzfristig genutzt. Durch Herbizid-Anwendung oder auch mit biologischen Verfahren kann er verdrängt werden.

Düngung erfolgt ähnlich wie zu Kartoffeln. Der Laubertrag läßt sich durch N-Düngung stark erhöhen. 100—120 kg/ha N, 80—100 kg P_2O_5 sowie 100 kg/ha K_2O dürften ausreichen.

Ernte. Von der Reifezeit abhängig. Topinambur ist ein sehr produktives Gewächs mit großen Mengen organischer Masse. Ende Juni werden rd. 200 dt/ha, im September 300 dt/ha Grünmasse geerntet, entsprechend 65—100 dt/ha TM. Das frostempfindliche Laub sollte vor stärkerem Frost geerntet sein, es hat zweifellos den höheren Futterwert. Die Knollen sind im Boden völlig frosthart, sie können bei offenem Wetter bis in den Winter hinein geerntet werden. Die Zweifachnutzung ist aber problematisch.

Verwertung. Im jungen Zustand geerntet und verfüttert, wird das Laub vom Vieh gerne gefressen, evtl. gehäckselt und siliert. Vorteilhaft ist Weidenutzung vor allem mit Schweinen (Hofnähe), wobei die Sauen die Knollen aus der Erde wühlen. Wertvolles Futter auch für Kleintiere. Beliebte Wildäsung.

Gründüngung. Topinambur schließt schnell den Boden. Dichte Bestände wirken unkrautunterdrückend und bringen Schattengare, auch eine gewisse Bodenaufschließung, daher guter Vorfruchtwert. In der Fruchtfolge Neigung zum Wiederaustrieb bzw. „Verunkrautung" stark hinderlich. Er wird durch Übersaat schnellwüchsiger Weidelgräser mit häufiger Schnittnutzung geschwächt bzw. beseitigt.

Phacelie (Phacelia, Büschelschön) Abb. 40

Phacelia tanacetifolia Benth. ⊙

Charakteristisch. Die Pflanze gehört botanisch zu den Hydrophyllaceen oder Wasserblattgewächsen. Sie hat ganz feingegliederte, weiche Blätter. Alle Pflanzenteile sind behaart. Die röhrenförmigen Stengel sind ziemlich standfest. Der Blütenstand ist eine ährenförmige Traube mit haarigem Kelch, der Fruchtstand einseitswendig, schneckenförmig eingerollt. Hellblaue und weiße, starkduftende Blüten. Phacelia hat schnelles Jugendwachstum. Die Pflanze ist einjährig und einschnittig. Noch weniger bekannt, wird sie unter unseren Verhältnissen seltener als Grünfutterpflanze, sondern mehr zur Gründüngung und Bienenweide angebaut.

Standortansprüche. Phacelia gehört zu den feuchtholden Futterpflanzen und bevorzugt bessere, frische — auch saure — Sandböden, findet sich aber auch mit Trockenheit ab.

Sorten. Meist ausländische Herkünfte. In letzter Zeit kommen auch züchterisch bearbeitete geschützte Sorten auf den Markt.

Bestellung. Saatbett gut feinkrümelig herrichten. Saatzeitunempfindlich. Aussaat unter Deckfrucht nicht möglich. Reinsaatmenge 10—15 kg/ha. TKG: 1,9 g. Reihenabstand 10—15 cm, Saattiefe 1—2 cm (Dunkelkeimer). Beste Aussaatzeit Juli/August, bald nach der Hauptfrucht, evtl. in Zeitstufen. Spätsaatverträglich. Häufig in Saatmischungen mit anderen schnellwachsenden Futterpflanzen.

Düngung. Düngung vor der Saat. Für 80—100 kg/ha N dankbar.

Ernte. Ernte 7—8 Wochen nach der Saat im Knospenstadium bzw. bei beginnender Blüte. Später leicht überständig mit verholzendem Stengel und schnell abnehmendem Futterwert. Grünmassenertrag 200—300 dt/ha oder 28—35 dt/ha Trockenmasse.

Verwertung. Als Futter nur in extremen Lagen von Bedeutung. Sie liefert im Spätherbst ein blattreiches feines Futter. Wird von Rindvieh und als Schweineweide genutzt. Durchgefrorene Phacelia schmeckt und bekommt dem Rindvieh besser. Trotz hoher Verdaulichkeit keine besonderen Futtereigenschaften. Kann zusammen mit anderen Futterpflanzen siliert werden. Ausgezeichnete, stark nektarabsondernde Bienenfutterpflanze: „borstiger Bienenfreund".

Gründüngung. Wertvolle Gründüngungspflanze, die schnell wächst und den Boden rasch bedeckt, dabei Unterdrückung von Unkraut. Schattengare erzeugend, fruchtfolgeneutral. Phacelia „verabschiedet" sich bei 8° C Frost und hinterläßt keinen störenden Nachwuchs. Wird nicht von Schädlingen befallen. Aus allen diesen Gründen wachsende Beliebtheit in der Gründüngung, besonders für Rübenbetriebe, Rübennematoden nicht fördernd. Mittlerer bis guter Vorfruchtwert.

Buchweizen Abb. 41

Fagopyrum esculentum ⊙

Charakteristik. Buchweizen wurde als einjährige Pflanze wegen seiner Mehlfrucht wie Getreide genutzt. Botanisch gehört er aber zu den Knöterichgewächsen (Polygonaceen). Die blattreiche, ziemlich schnell wachsende Pflanze besitzt krautig-holzige, zuletzt meist rotgefärbte Stengel. Buchweizen blüht weiß bis rosarot. Die reifen Früchte sind dreikantig wie sehr kleine Bucheckern. Ihretwegen wurde Buchweizen als Hauptfrucht früher häufiger angebaut. Sie war auch Pionierpflanze auf neukultivierten Heide- oder Moorböden.

Standortansprüche. Die anspruchslose Pflanze gedeiht am besten auf armen Sandböden, ja sogar auf moorigen Torfböden. Sie war am häufigsten auf Heideböden („Heidekorn"), in rauheren Berglagen und ungünstigen Klimalagen anzutreffen.

Sorten. In Ermangelung wird Handelssaat ausgesät.

Bestellung. Buchweizen wird heute als Stoppelsaat Ende Juli/Anfang August ausgesät. TKG 2,4 g. Reinsaatmenge 50—70 kg/ha; Reihenabstand 15—20 cm, Saattiefe 2—3 cm. Bei Breitsaat sind 80—100 kg/ha erforderlich.

Düngung. Die Ansprüche an den P_2O_5- und CaO-Gehalt sind gering, der Bedarf an K_2O ist mittel. Zu einer üppigen Entwicklung sind 40—50 kg/ha N angebracht.

Ernte. Wegen der raschen Entwicklung kann schon zeitig grün geschnitten werden. Die Nutzungsreife tritt bei erreichter Vollblüte im September/Oktober ein. Die Ertragserwartung an Grünmasse liegt bei 100 bis 240 dt/ha.

Verwertung. Buchweizen hat nur geringe Futtereigenschaften und kommt heute seines geringen Ertrages wegen als Grünfutterpflanze kaum noch in Frage. Die Grünmasse wird nicht gerne gefressen. Außerdem führt sie rein verfüttert leicht zu Durchfall. Deshalb wird Buchweizen lieber als Bestandteil von Futtergemengen benutzt. Herbstbienenweide und Wildäsung für Feder- und Niederwild.

Gründüngung. Buchweizen ist heute fast nur noch als fruchtfolgeneutrale Gründüngungspflanze zu finden. Der schnelle üppige Wuchs führt bald zur Bodenbedeckung und Schattengare (Unkrautunterdrückung).

Die Gründüngungsleistung ist mittel, da die Ernterückstände nicht allzu groß sind. Gerne gesehen wird aber, daß die Pflanze schon bei leichten Frösten abstirbt. Trotz der hohen Saatmenge liegen die Kosten niedrig. Dies empfiehlt sie neuerdings wieder mehr für Gründüngungszwecke.

Kulturmalve Abb. 42

Malva L. ⊙

Charakteristik. Weniger bekannte Pflanze aus der vielförmigen Familie der Malvengewächse. Handförmig gelappte Blätter an rauhhaarigen Stengeln. Höhe bis 150 cm. Hellpurpurne, nicht tief geteilte Blüten. Frostverträglich (bis —7° C). Die Malve kann mit anderen Futterpflanzen kaum konkurrieren und hat entsprechend recht geringe Bedeutung.

Standortansprüche. Als sehr anspruchsloses Gewächs wächst sie am liebsten auf besseren frischen Böden, meist aber in Mischungen.

Sorten. Zur Zeit gibt es nur Handelssaaten.

Bestellung. Ab Juli wird hauptsächlich als Zweitfrucht zur evtl. Futtergewinnung oder als Stoppelsaat noch bis Mitte August für Gründüngungszwecke ausgesät. Reinsaatmenge 10—15 kg/ha, TKG: 8 g, Reihenabstand 25—30 cm, Saattiefe 1,5 cm. Bei zögernder Anfangsentwicklung und aufkommender Verunkrautung muß gehackt werden.

Düngung. Je nach Verwendungszweck 80—100 kg/ha N bei entsprechenden PK-Gaben.

Ernte. Geschnitten wird bei stärkerer Blattentwicklung etwa September bis Oktober, evtl. zweimal. 250—300 dt/ha Grünmasse bzw. 30—35 dt/ha Trockenmasse.

Verwertung. Wenn als Grünfutter genutzt werden soll, muß gehäckselt werden. Sie ist aber nicht wettbewerbsfähig.

Gründüngung. Als fruchtfolgeneutrale Pflanze gewinnt sie eher Bedeutung für die Gründüngung. Nach Überwindung der Anfangsschwierigkeiten — mit Verunkrautungsgefahr — entsteht unter einem dichten Blätterdach Schattengare. Ernte- und Wurzelrückstände 15—18 dt/ha. Nematoden-Hemmung.

III. Abbildungen der Arten

Deutsches Weidelgras (1)

Welsches Weidelgras (2)

Welsches Weidelgras (diploid) (2)

Welsches Weidelgras (tetraploid) (2)

Glatthafer (5)

Knaulgras (6)

Wiesenschwingel (7)

Lieschgras (8)

Grünmais (11)

Silomais (11)

Hirse (12)

Sudangras (13)

Luzerne (14)

Rotklee (15)

Weißklee (16)

Inkarnatklee (18)

Persischer Klee (19)

Alexandriner Klee (20)

Esparsette (21)

Serradella (22)

Lupinen (24)

Winterwicke (25)

Ackerbohne (27)

Felderbse (28)

Futterraps (30)

Grünsenf (35)

Futterkohl (31)

Ölrettich (34)

Futterrüben (36)

Kohlrübe (32)

Stoppelrüben (33)

Sonnenblume (38)

Topinambur (39)

Topinambur-Knollen (39)

Phacelia (40)

Buchweizen (41) Kulturmalve (42)

IV. Der Ackerfutterbau

Ackerfutterpflanzen — Bedeutung, Anbau und Verwertung in der modernen Landwirtschaft

Einführung

In der Bundesrepublik Deutschland ist die landwirtschaftliche und gartenbauliche Bodennutzung in den einzelnen Ländern und Landesteilen unterschiedlich ausgeprägt. Während das norddeutsche Flachland und die süddeutschen Lößgebiete mit Ausnahme der grünlandorientierten Niederungsgebiete sehr stark ackerbaulich genutzt werden, sind die Höhengebiete mehr forstwirtschaftlich oder wenn landwirtschaftlich genutzt, mehr dem Dauergrünland zuzuordnen.

Nach dem Agrarbericht 1980 gab es 1979 in der Bundesrepublik Deutschland 819 000 landwirtschaftliche Betriebe über 1,0 ha. Schlüsselt man die Betriebe nach der Nutzungsform auf, so ergeben sich die folgenden Zahlen:

Tabelle 1: **Zahl der landwirtschaftlichen Betriebe in den verschiedenen Nutzungsrichtungen (in 1 000) in 1979** (Lit. 1)

Marktfrucht	186,4		23,2 %
Futterbau	419,4		50,4 %
Veredelung	47,1		5,7 %
Dauerkulturen	62,5		7,8 %
Gemischt	103,6		12,9 %
	819,0	=	100,0 %

Gut die Hälfte aller landwirtschaftlichen Betriebe gehören in die Gruppe der Futterbaubetriebe und weitere 12,9 % zu den Gemischtbetrieben. Das bedeutet, daß sich rund $^2/_3$ aller Betriebe mit Futterbau befassen.

Von der gesamten landwirtschaftlichen Nutzfläche entfallen ca. 40 % auf Dauergrünland, das wiederum etwa zur Hälfte als Mähweide genutzt wird.

Betrachtet man das Anbauverhältnis auf dem Acker, ist eine deutliche Verschiebung festzustellen.

Tabelle 2: **Anbauverhältnis in den letzten 20 Jahren in %** (Lit. 1)

Fruchtart	1960	1970	1978
Getreide	61,4	68,8	71,0
Hackfrucht	23,2	16,7	12,9
Futterpflanzen	12,0	11,1	12,8
Sonstige	3,3	3,4	3,3

Während die Getreidefläche seit 1960 um fast 10 % zunahm, ging die Hackfruchtfläche um 10,4 % zurück. Der Ackerfutterbau hat seine Stellung in etwa behauptet.

Auf Acker- und Grünland erzeugtes Grundfutter ist Basis für die Rindviehhaltung. Aus diesem Grundfutter können bei optimaler Fütterung und Haltung der Tiere bis zu 4 000 kg Milch ohne Kraftfutter erzeugt werden, vorausgesetzt, daß durch Zugabe von Kraftfutter die Milchleistung über 5 000 Liter/Kuh beträgt. Dieses Leistungsvermögen macht deutlich, wie wichtig ein qualitativ einwandfreies Grundfutter ist.

Die Vielseitigkeit der Pflanzenarten im Feldfutterbau erlaubt die Berücksichtigung der Futteransprüche in der Veredelungswirtschaft. Für die Milchviehfütterung liefern Kleearten und Gräser als die mehr eiweißreichen Futterstoffe das Grundfutter. Beim Mais liegen Nährstoffverhältnisse vor, welche die Fleischproduktion in der Rindermast begünstigen. Steigender Fleischkonsum hat dazu beigetragen, daß der Anbau von Silomais als Ackerfutterpflanze in den letzten Jahren starke Ausdehnung erfahren hat. Hinzukommt die Verwertung als Corn-cob-mix durch Flüssigfütterung in der Schweinemast, wodurch der Maisanbau zunehmend interessant wird.

Das Ziel eines jeden landwirtschaftlichen Betriebsleiters ist die Maximierung der Flächenproduktivität. Deshalb werden auch zusätzliche Möglichkeiten der Futterproduktion im Zwischenfruchtbau von viehhaltenden Betrieben ausgenutzt. Das ist besonders verständlich, weil die KStE im Hauptfutter ca. 0,40 DM kostet, während die KStE aus dem Zwischenfruchtbau nur mit ca. 0,25 DM belastet ist. Das Bestreben, preiswertes Grundfutter zu erzeugen, wird auch in der Entwicklung der Zwischenfruchtfläche deutlich:

Tabelle 3: **Zwischenfruchtfläche in 1 000 ha seit 1971** (Lit. 1)

Jahr:	1971	1973	1975	1978
Fläche:	1 007	1 081	1 118	1 306

Seit 1970 beträgt die Steigerung rund 300 000 ha. Auch, wenn man eine Zunahme der Gründüngung im Zwischenfruchtbau berücksichtigt, kann man davon ausgehen, daß etwa 60 % der angesäten Bestände der Futternutzung dienen.

Im Ackerfutterbau war der frühere Klee- oder Kleegrasschlag nicht nur Futterfläche, sondern zugleich tragendes Glied der Fruchtfolge. In vielen landwirtschaftlichen Betrieben wurde mit Abschaffung des Rindviehs auch der Kleegrasschlag gestrichen. Dauergrünlandflächen wurden durch Meliorationen in der Leistung zu Lasten des Ackerfutterschlages intensiviert. Die bisherige Ausgewogenheit der Fruchtfolgen kam damit oftmals ins Wanken. Der Zwischenfruchtbau für Futter und Gründüngung brachte gewissen Ausgleich. Die Wurzel- und Ernterückstände versorgen den Ackerboden mit organischer Substanz und führen zu einer Verbesserung der Bodenstruktur und Bodengesundheit zugunsten der gesamten Fruchtfolge.

Der Ackerfutterbau ist ein Motor für die Bodenfruchtbarkeit. Im Rahmen der gesamten Futterflächen eines Betriebes ist zu überlegen, das Dauergrünland wo eben möglich umzubrechen und in die Ackerfruchtfolge einzubeziehen. Ein anstelle des Grünlandes tretender Ackerfutterbau bringt höhere Futtererträge und begünstigt als ideale Vorfrucht die Ertragsleistung nachfolgender Hauptfrüchte.

Auch im Feldfutterbau ist die Leistungsgrenze noch nicht erreicht. Durch verbesserte Anbaumethoden, Wahl neuer Zuchtsorten, gezielter Düngung und optimaler Futtergewinnung und Verwertung kann der Betriebserfolg noch gesteigert werden. Die in Veredelungsbetrieben anfallende Gülle und deren Verwertung ist häufig ein Problem. Der Winterzwischenfruchtbau schafft die Voraussetzung für die technische Ausbringung auf tragender Narbe sowie die Aufnahme durch wintergrüne Pflanzen.

Der zweite Teil dieser Schrift soll neben einem Überblick über den Ackerfutterbau und die Gründüngung Anregung geben, wie die Bodenbewirtschaftung durch gezielte Maßnahmen zu verbessern ist. Dem Feldfutterbau kommt hierbei eine hohe Bedeutung als tragendem Glied in Fruchtfolge und Betriebsorganisation zu.

1. Der Hauptfrucht-Futterbau

1.1 Feldgras-Kleegrasbau für einjährige Nutzung

Der kurzfristige, einjährige Feldfutterbau mit Kleearten und Gräsern als Hauptfrucht ist mehr eine Notlösung, wenn durch Ausfall eines längerfristig geplanten Futterbestandes plötzlicher Bedarf vorliegt. Für diese Zwecke sind Klee- und Grasarten geeignet, welche auch bei Aussaat im Frühjahr schnellwüchsig sind und ausreichende Erträge für Heu oder Silage bringen.

Bei Stallfütterung ist der rasche Nachwuchs von Klee und Gras wichtig, um kontinuierlich Futter ernten zu können. Von den Grasarten kommen das **Einjährige Weidelgras** und das **Welsche Weidelgras,** sowohl der **diploiden** als auch der **tetraploiden Form** in Betracht. Von den Kleearten ist der **Persische Klee** und eventuell auch der **Alexandrinerklee** als Mischpartner zum Gras geeignet.

Das Einjährige Weidelgras bildet als Sommerform zu jedem Aufwuchs Schoßtriebe im Gegensatz zum Welschen Weidelgras, das sich bei Frühjahrsaussaat mehr vegetativ verhält. In der Kombination beider Typen ist daher ein gut strukturiertes wiederkäuergerechtes Rindviehfutter zu gewinnen.

Für den Anbau ist ein vor Winter gepflügter Acker mit gut abgesetztem Saatbett zu bevorzugen, damit die Aussaat früh im März/April erfolgen kann. Flache Saattiefe und festes Saatbett sind Bedingung für schnellen, lückenlosen Aufgang. Bei der Saatbettbereitung wird die erforderliche PK-Düngung sowie die Stickstoffgabe von 100 kg/ha Reinstickstoff gleichmäßig eingearbeitet. Die Saatstärke für Einjähriges Weidelgras beträgt 50 kg/ha. Bei Mischkombinationen mit Welschem Weidelgras werden die Partner zu gleichen Teilen berücksichtigt.

a) 25 kg/ha Einj. Weidelgras
+ 25 kg/ha Welsches Weidelgras.

In dieser Zusammensetzung kann jeder Aufwuchs als Heu, Silage oder Grünfutter genutzt werden. Ist jedoch überwiegend Stallfütterung vorgesehen, so wählt man einen oder auch beide Partner als tetraploide Sorte, weil das Futter saftig ist und im Geschmack von den Tieren bevorzugt wird.

b) 15 kg/ha Einj. Weidelgras (tetraploid)
+ 35 kg/ha Welsches Weidelgras (tetraploid)

Die Leistung der Mischung ist höher als die der Einzelkomponente.

Tabelle 4: **Landessortenversuch 1979 der LK Schleswig-Holstein Standort Schuby** (Lit. 21)

Variante	Grünmasse dt/ha	Grünmasse rel.	Trockenmasse dt/ha	Trockenmasse rel.
1. Einj. Weidelgras	995,8	100	147,9	100
2. Einj. Weidelgras 33 % Welsch. Weidelgras 66 %	1 087,5	109	150,8	102

Landessortenversuche in Baden-Württemberg in 1978 hatten im Durchschnitt von 3 Standorten mit 1 044,0 dt/ha Grünmasse und 142,2 dt/ha Trockenmasse ähnliches Ertragsniveau.

Wichtigste Maßnahme bei der Bewirtschaftung eines Feldgrasbestandes ist die hohe Nährstoffversorgung, wobei auf der Basis einer ausreichenden PK-Düngung von 150 kg/ha P_2O_5 und 200 kg K_2O zu jedem Aufwuchs 100 kg/ha Reinstickstoff notwendig sind. Ein Vergleich zwischen diploiden und tetraploiden Sorten der Bayerischen Landessaatzuchtanstalt Weihenstephan gibt eine gleichwertige Ertragsleistung beider Sortentypen wieder.

Tabelle 5: **Leistung diploider und tetraploider Sorten in KStE auf 4 Standorten mit 2 N-Stufen** (Lit. 4)

Variante	N-Stufe 1 340 kg/ha N	N-Stufe 2 540 kg/ha N	N 1 relativ = 100
Einj. Weidelgras diploid	7 492	8 589	115
Einj. Weidelgras tetraploid	7 378	8 443	114

Gegenüber reinen Grasgemischen im kurzfristigen Feldfutterbau haben Mischungen mit den Kleearten Persischer Klee oder Alexandrinerklee den Vorteil einer besseren Schmackhaftigkeit und eines durch Klee bedingten höheren Gehaltes an Eiweiß.

Je nach Mischkombination und Düngung ist der Feldbestand stärker im Gras- oder Kleeanteil. Die Förderung des Grases durch Stickstoff ist hierbei zu berücksichtigen:

a) 15 kg/ha Persischer oder Alexandriner Klee
   25 kg/ha Einjähriges Weidelgras, diploid oder tetraploid

b) 15 kg/ha Persischer oder Alexandriner Klee
   15 kg/ha Einjähriges Weidelgras, diploid
   10 kg/ha Welsches Weidelgras, tetraploid.

Für eine Heuwerbung sind diese Gemische weniger geeignet, weil die Kleearten schlechter trocknen als die Gräser. Der Persische Klee hat den Vorteil geringerer Verholzung und bleibt auch als ältere Pflanze noch saftig, während der Alexandriner Klee leicht hartstengelig wird. Der Persische Klee ist als Reinsaat mit 20 kg/ha ausgesät, ein beliebtes Grünfutter in der Sauenhaltung.

Bei besserer Schmackhaftigkeit und höherem Eiweißgehalt gegenüber reinem Gras ist bei Kleegras ein Mindererertrag von 10—15 % in Kauf zu nehmen, weil das Leistungspotential des reinen Grases durch höhere Stickstoffgaben nicht voll ausgeschöpft werden kann.

Unbestritten ist bei dieser Form des Feldfutterbaues mit oder ohne Klee der gute Vorfruchtwert. Die im Boden verbleibende organische Substanz erreicht gegen Ende der Vegetationszeit nach 4—5 Schnittnutzungen eine Menge von 40—50 dt/ha an organischer Trockenmasse. Der intensiv durchwurzelte Boden — bei Kleegras auch die tieferen Schichten — läßt sich leicht verarbeiten und ist bestens für eine anspruchsvolle Nachfrucht versorgt. Es empfiehlt sich jedoch nicht, kurzfristig nach dem Umbruch Weizen nachzubauen, weil der mit organischer Substanz angereicherte Boden während des Winters sich noch absetzt, wodurch die schwachen Wurzeln des Weizens leicht abreißen. Besser ist nach den Erfahrungen zunächst ein Nachbau von Hafer und anschließend Weizen, wenn die Nährstoffquelle aus der Kleegrasvorfrucht zum Fließen kommt.

1.2 Feldgras-Kleegrasbau für ein- bis mehrjährige Nutzung

Für einen mehrjährigen oder auch nur einjährig überwinternden Feldfutterbau sind Arten und Sorten mit Ausdauer erforderlich. Hierzu zählen die folgenden Gräser- und Klee(Luzerne)-Arten:

a) **Gräserarten**

Welsches Weidelgras
Bastard Weidelgras
Deutsches Weidelgras
Wiesenschwingel
Wiesenlieschgras
Knaulgras
Glatthafer

b) **Kleearten/Luzerne**

Luzerne
Rotklee
Schwedenklee

Die ertragreichste Grasart, das **Welsche Weidelgras,** hat in den letzten Jahren an Bedeutung gewonnen und wird in der Praxis wegen seiner hohen Leistungen und einfachen Handhabung geschätzt. Früher gehörte diese Art fast ausschließlich in den Winterzwischenfruchtbau, z. B. als „Landsberger Gemenge". Die Züchtung verbesserte in neuen Sorten sowohl die Leistung als auch die Ausdauer, so daß neue Sorten der diploiden und tetraploiden Form auch häufig zweimal überwinternd mit Erfolg genutzt werden.

Abweichend vom ursprünglichen „Landsberger Gemenge" wird das Welsche Weidelgras auch als Reinsaat genutzt. Das Leistungspotential wird nach folgendem Anbau- und Nutzungsschema optimal genutzt:

— Aussaat nach Wintergerste Ende Juli mit 40—50 kg/ha
— Kräftige Düngung mit 100 kg/ha Stickstoff (oder Gülle)
— Nutzung im September/Oktober als Weide oder Silage
Ertrag ca. 150—200 dt/ha Grünmasse mit 25—30 dt/ha Trockenmasse
— Kurz beweidet oder gemäht überwintern. Zu langer Wuchs fördert Fusariumbefall.
— Kräftig düngen bei Vegetationsbeginn mit hoher PK-Versorgung (160 kg/ha P_2O_5 und 240 kg/ha K_2O) sowie eine N-Gabe von 120 kg/ha zum 1. Aufwuchs.
— Nutzung gegen Mitte Mai wenn die Ähren sichtbar werden. In diesem Stadium höchster Verdaulichkeitswert. Schnitt in Nachmittagsstunden bei Tageshöchstwert an Kohlenhydraten, Anwelken auf 60 % und Einsilieren.
— Nachfolgende Aufwüchse jeweils beim Ährenschieben schnittreif. Da stengelig, gut heufähig als Rauhfutter. Zu jedem Aufwuchs 100 kg/ha Stickstoff geben.

— Alternative Nutzung als Weide oder Samenschnitt vom 2. Aufwuchs mit Reife Ende August. Samenertrag ca. 10 dt/ha Saatgut (Bestimmungen zur Saatgutvermehrung sind zu beachten).

Das Welsche Weidelgras gilt als das ertragreichste Futtergras wenn die Nährstoffversorgung und die Wasserversorgung ausreichend verfügbar sind.

Tabelle 6: **Düngungsversuch bei Welschem Weidelgras 1977—1979 in Bayern an 11 Standorten mit 5 Sorten und 5 Schnitten** (Lit. 4)

N-Düngung	Grünmasse dt/ha	rel.	Trockenmasse dt/ha	rel.	Rohprotein dt/ha	rel.
Stufe 1: 340 kg/ha 100 N zum 1. Schnitt alle weiteren 60 N	1 102	100	166,8	100	22,7	100
Stufe 2: 540 kg/ha 140 N zum 1. Schnitt alle weiteren 100 N	1 320	120	186,3	112	29,5	130

Die N-Steigerung von 340 kg/ha auf 540 kg/ha mit entsprechender Verteilung über 5 Aufwüchse brachte auf allen Standorten signifikante Mehrerträge. Die Wasserversorgung war ausreichend.

Bei diesen Erträgen sind die Nährstoffentzüge sehr hoch und müssen ausgeglichen werden:

P_2O_5 : 150—200 kg/ha; K_2O : 400—500 kg/ha; MgO : 40—100 kg/ha.
Die Züchtung brachte neben den diploiden Sorten auch neue tetraploide mit den charakteristischen Merkmalen grober Blätter und Stengel. Die Blätter sind saftiger und werden als Grünfutter im jungen Stadium vom Tier bevorzugt. Zum Silieren muß vorgewelkt werden. In der Ertragsleistung bestehen keine Unterschiede. Um Vorteile und Nachteile auszugleichen, werden häufig Mischkombinationen gebildet:

30 kg/ha Welsches Weidelgras, diploide Sorte
15 kg/ha Welsches Weidelgras, tetraploide Sorte.

Alle neuen Sorten besitzen ausreichende Ausdauer für 1—2 Überwinterungen und sind für den mittelfristigen Anbau voll nutzbar. Welsches Weidelgras dient häufig auch als Mischpartner mit länger ausdauernden Gräser- und Kleearten. Das schnellwüchsige und robuste Gras überbrückt dabei Leistungsschwächen der ausdauernden Arten in den ersten Entwicklungsstadien.

Feldgrasgemische für Grünfutter — Silage — Heu

Produktionsumstellungen und verstärkte Bestrebungen zur Mechanisierung auch der Futterernten brachten einen Trend zum reinen Grasanbau ohne Beimischung von Klee.

Man sieht darin die Möglichkeit optimaler Futtererzeugung durch Düngung und die einfachere und verlustlosere Mechanisierung der Ernteverfahren einschließlich Konservierung. Der höhere Futterwert, die bessere Schmackhaftigkeit und zugleich die günstigere Wirkung auf Bodengesundheit und Fruchtfolge werden weniger beachtet. Für unterschiedliche Böden, Klimalagen und Nutzungszwecke findet man verschiedene Kombinationen von Gräsergemischen.

Tabelle 7: **Gräsermischungen Feldfutter für ein- und mehrjährige Nutzung (FM = Feldfutter-Mischung)**

Grasarten in kg/ha	FM 1	FM 2	FM 3	FM 4	FM 5
Wiesenschwingel	8	12	—	6	6
Wiesenlieschgras	6	8	—	4	4
Welsches Weidelgras (Bastard Weidelgras)	6	—	6	6	6
Dt. Weidelgras früh-mittel	4	—	—	6	—
Knaulgras	—	—	10	—	4
Glatthafer	—	—	4	—	2
Gesamt: kg/ha	24	20	20	22	22

FM 1: für gute Böden in milden Lagen, geeignet für Grünfutter, Heu, Silage
FM 2: geeignet für schwere Verwitterungsböden in rauhen Lagen (Höhengebiete) für Heu, Silage
FM 3: für leichte Böden und trockene Standorte als Heu, Silage, Nachweide
FM 4: Mischung für überwiegend Beweidung mit höchstens einem Schnitt
FM 5: überwiegend schnittbetont für Stallfütterung eventuell auch Silage — Heugewinnung

Die genannten Mischungen und angegebenen Saatstärken entsprechen Erfahrungswerten und sind praktisch erprobt. Je nach örtlichen Bedingungen und Anforderungen können Abweichungen hinsichtlich Arten und Menge sinnvoll sein. Ungünstige, extreme Verhältnisse erfordern oft eine Erhöhung der Saatstärke. Diese sollte jedoch als Mischkombination 25—30 kg/ha nicht überschreiten.

Die Aussaat kann sowohl als Untersaat unter Getreidedeckfrucht oder als Blanksaat bis spätestens Ende Juli vorgenommen werden. Untersaaten haben den Vorteil einer zügigen Entwicklung nach Abernten des Getreides und einer Vornutzung im Herbst.

Zur besseren Bestockung sind die Getreidestoppeln kurz zu mähen und als Starthilfe neben PK-Düngung eine N-Gabe von 60—80 kg/ha Stickstoff zu geben.

Ferner ist bei der Aussaat die flache Bestellung in ein festes, feinkrümeliges Saatbett oberstes Gebot. Die Drillzeilen sollen so eng wie möglich sein, damit das unterschiedliche Verdrängungsvermögen der Mischpartner möglichst gering bleibt. Extreme bilden Welsches Weidelgras und Lieschgras, letzteres ist außerdem tiefsaatempfindlich.

Mit diesen Mischungen sind 2—3 Nutzungsjahre möglich. Längere Nutzungen führen in der Regel zu Bestandeslücken und Nachlassen der Ertragsleistung. Nach 2—3jähriger Bodenruhe ist wieder ein hoher Fruchtfolgewert gegeben, da 60—70 dt/ha TM-Ernte- und Wurzelrückstände im Boden verbleiben.

Klee/Gras-Gemische

Während der reine Anbau von Rotklee oder Gemischen aus Rotklee und Schwedenklee mit 15—20 kg/ha Aussaatstärke heute mit wenigen speziellen Ausnahmen nicht mehr anzutreffen ist, stagniert auch der Trend zum anderen Extrem, dem reinen Grasanbau.

Für den mehrjährigen Feldfutterbau wird das vielseitigere Kleegras-Gemisch wieder interessanter, weil besonders die Vorteile des Futterwertes mit höherem Eiweißgehalt und besserer Schmackhaftigkeit durch Klee und Gräser im Grünfutter beachtet werden.

Tabelle 8: **Kleegrasgemische für verschiedene Standorte (KM = Kleemischungen)**

Gemische in kg/ha	KM 1	KM 2	KM 3	KM 4
Rotklee	10	10	6	10
Schwedenklee	2	2	1	2
Weißklee	—	—	3	—
Welsches Weidelgras	—	—	—	8
Wiesenschwingel	6	—	6	—
Wiesenlieschgras	4	—	4	—
Knaulgras	—	6	—	—
Glatthafer	—	4	—	—
Dt. Weidelgras	—	—	4	—
Gesamt kg/ha:	22	22	24	20

KM 1: normale Standardmischung für Heu, Silage
KM 2: für trockene Lagen und Verwitterungsböden mit geringer Bodenfeuchte
KM 3: Mehrzweckmischung für Grünfutter, Heu, Silage oder auch Beweidung
KM 4: überwiegend schnittbetont mit Nachweide

Kleearten in unseren Futterbaumischungen verdienen mehr Beachtung, weil neben dem Futterwert auch ein verbesserter Vorfruchtwert erzielt wird. Die Wurzeln der Kleearten, besetzt mit stickstoffsammelnden Knöllchenbakterien, reichen tief in den Boden. Lockerung des Bodens und Mobilisierung von Mineralstoffen wirken positiv auf den Ertrag nachfolgender Kulturen.

Nachteilig bleibt für die Kleearten die geringere Trocknungs- und Silierfähigkeit. Durch einen entsprechenden Grasanteil soll ein Ausgleich gefunden werden. Daher ist auch die Nährstoffversorgung wichtig, um den Gräsern durch entsprechende Stickstoffgabe ihren Anteil zu sichern. Eine N-Düngung von 60—80 kg/ha zu jedem Aufwuchs ist erforderlich.

Luzerne — Luzernegras-Gemische

Die Luzerne, die „Königin" unter den Futterpflanzen, hat im Zuge der Mechanisierung des Feldfutterbaues ähnlich wie Rotklee an Fläche stark eingebüßt. Der noch vorhandene Anbau beschränkt sich vorwiegend auf südlichere Landesteile. Nach wie vor ist der Anbauerfolg abhängig von guter Versorgung der Böden mit Phosphorsäure und Kali sowie einer Kalkgabe zur Ansaat.

An die Pflege stellt Luzerne während der Nutzungsdauer besondere Ansprüche. So sind schonende Schnittnutzung im Ansaatjahr und jährlich einmal Vollblüte Voraussetzung für die Dauer eines Luzernebestandes. Gegen Trittwirkung und Befahren ist Luzerne empfindlich. Bei heutiger Mechanisierung unvermeidbar, sind das die häufigsten Ursachen von Vergrasungen. Luzerne soll etwa handhoch gemäht überwintern.

In Reinsaat wird Luzerne bis zu 30 kg/ha ausgesät. Um den ungünstigen Einwirkungen zu begegnen und Lücken auszufüllen, stellt man Luzernegras-Gemische zusammen.

Tabelle 9: **Mischungen mit Luzerne (LM = Luzernemischungen)**

Aussaat in kg/ha	LM 1	LM 2	LM 3
Luzerne	20	20	20
Wiesenschwingel	3	—	—
Lieschgras	2	—	—
Knaulgras, spät	—	4	3
Glatthafer	—	—	2
Gesamt kg/ha:	25	24	25

LM 1: für normale Luzernestandorte zur Nutzung als Grünfutter, Heu
LM 2: für trockene Standorte und Verwitterungsböden
LM 3: für sehr trockene, aber luzernefähige Böden mit guter Ausnutzung der Winterfeuchtigkeit

Abweichungen in der Artenkombination und Saatstärke können von Fall zu Fall notwendig sein.

Vorteile für Luzerne/Gras sind fast immer bessere Erträge, verbunden mit einem günstigen Eiweiß : Stärke-Verhältnis, eine leichtere Trocknung bei Heuwerbung und bessere Silierfähigkeit. Der Krankheits- und Schädlingsbefall wird reduziert und durch N-Gaben der Ertrag gesichert, wenn der Luzerneanteil schwächer wird.

1.3 Mais

Die Fruchtart Mais, als Körner-, Silo- oder Grünmais, ist in der Bundesrepublik Deutschland gekennzeichnet durch eine in den letzten zehn Jahren rasante Ausweitung der Anbauflächen.

Drei Gründe sind vorwiegend dafür zu nennen:

a) Mais ist arbeitswirtschaftlich und verwertungstechnisch eine anpassungsfähige Fruchtart und läßt sich betriebswirtschaftlich gut einordnen.

b) Heutige Hybridsorten sind unseren klimatischen Bedingungen weitgehend angepaßt und bringen hohe Erträge.

c) Im Ackerbau bildet Mais in getreidereichen Fruchtfolgen eine Entlastung.

Maisanbau, ob als Körner-, Silo- oder Grünmais, muß sachgerecht und sorgfältig durchgeführt werden, damit die Züchtungserfolge in Verbindung mit Düngung, Technik und Verwertung zum Tragen kommen.

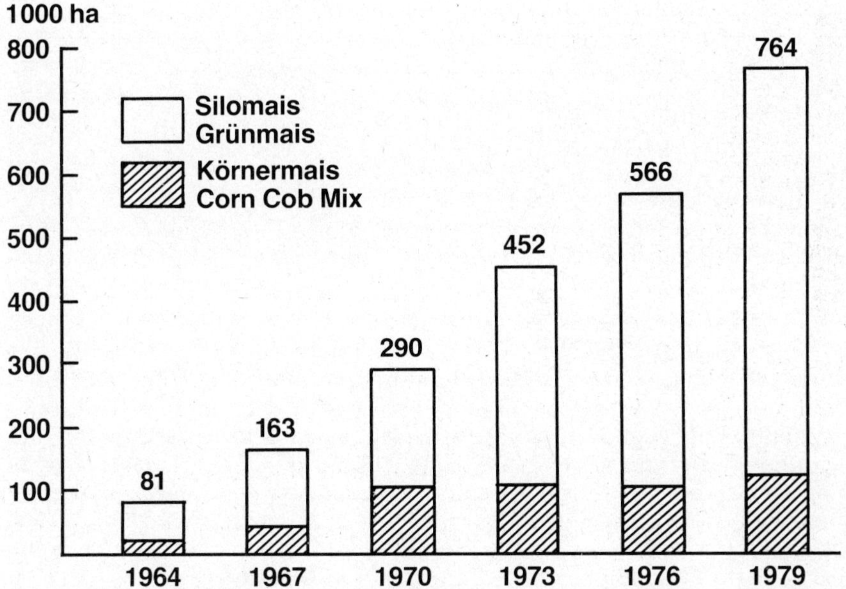

Tabelle 10: **Entwicklung des Maisanbaues in der Bundesrepublik Deutschland in 1 000 ha** (Lit. 1)

Nutzung und Verwertung

A. Körnermais

Dieser muß vollreif sein, um als Marktfrucht gelten zu können. Nach Trocknung bis zur Lagerfähigkeit auf ca. 14 % Feuchte — Mais wird durchschnittlich mit einem Feuchtwert von 30—40 % geerntet — ist Mais als Körnerfutter zur Schweinemast oder in der Geflügelfütterung einsetzbar. Bei Trocknung von 1 dt Feuchtmais mit 40 % Feuchte auf 14 % Feuchte werden 5—6 l Öl verbraucht und zugleich 43 l Wasser entzogen. Die hohen Energiekosten bei der Trocknung haben zu anderen Verwertungsformen geführt.

a) **Mais-Körnersilage** mit hoher Verdaulichkeit anstelle von Kraftfuttergemischen in der Schweine- und Rindviehhaltung.

b) **Maiskolbenschrotsilage** mit etwa 8 % Rohfasergehalt geeignet für Schweine- und Rindermast.

c) **Kornspindelsilage (corn-cob-mix)** mit 5—7 % Rohfasergehalt als ideales Futter für Mastschweine.
Vorteilhaft ist die frühe Ernte bei 35—50 % Feuchtigkeit.
Der Spindelanteil erhöht den Gesamtertrag. Das Erntegut wird in der Regel vor Konservierung geschrotet.
Bei Körnermais sind die folgenden Erträge erzielbar:
50— 70 dt/ha mit 14 % Feuchtigkeit
55—100 dt/ha mit 30 % Feuchtigkeit
60—120 dt/ha mit 40 % Feuchtigkeit.

B. Silomais

Ein nicht ausgereifter Körnermais mit ca. 50 % Trockensubstanzgehalt im Kolben. Die ganze zu verwertende Maispflanze hat einen Trockensubstanzgehalt von 25—30 %.

Wichtig für den Gesamtertrag ist die optimale Ausbildung der Einzelpflanze sowie der Kolben.

Zum Zeitpunkt der Teigreife wird der gesamte Bestand exakt gehäckselt und einsiliert. Der hohe Zuckergehalt beim Mais fördert die Siliereignung. Das energiereiche Futter wird sowohl als Teilration in der Milchviehfütterung als auch besonders in der Rindermast eingesetzt. In der Futterration für Milchvieh soll der Anteil 15—20 kg nicht überschreiten, weil ein höherer Fettansatz zu Lasten der Milchleistung führt. Maissilage hat ein weites Eiweiß-Stärkeverhältnis. Zur Aufwertung kann 0,5 % Futterharnstoff bei der Silierung zugesetzt werden.

C. Grünmais

Dient der Frischfütterung im unreifen Zustand. Der Anbau erfolgt als Zweit- oder Zwischenfrucht mit höherer Saatstärke und engem Pflanzenstand. Die Bedeutung beschränkt sich auf Betriebe mit Stallfütterung.

RUSTICA-HERBIZID-PROGRAMM FÜR MAIS			
Vorsaat mit Einarbeitung	Hirsearten Gräser	Böden bis 10% Humus	Sutan 5 l/ha
	Hirsearten Gräser Samenunkräuter	Böden bis 3% Humus	Sutan 5 l/ha + Atrazin RUSTICA 1,5 l bzw. kg/ha
	Samenunkräuter Gräser ohne Hirsearten	Trockene Böden bis 3% Humus	Atrazin RUSTICA 2 l bzw. kg/ha
Vorauflauf	Samenunkräuter	Böden bis 3% Humus	Atrazin RUSTICA 1,5 l bzw. kg/ha
	Hirsearten Gräser Samenunkräuter	Böden bis 3% Humus	Simazin RUSTICA 1,5 kg/ha + Atrazin RUSTICA 1,5 l bzw. kg/ha
Nachauflauf	Samenunkräuter	Böden 3% Humus	Atrazin RUSTICA 2–3 l bzw. kg/ha
	Hirsearten Gräser Samenunkräuter	bis zu sehr stark humosen Böden	Oleo RUSTICA 11 E 5–8 l/ha Atrazin RUSTICA 2–3 l bzw. kg/ha

Tabelle 11: **Herbizid-Programm für Mais** (Lit. 28)

Die **Stellung in der Fruchtfolge** ist für Mais keine Schwierigkeit. Bei starkem Anbau, besonders in Hanglagen und auf leichten Böden, können Erosionsschäden stark zunehmen. Eine Getreidevorfrucht mit nachfolgender, möglichst überwinternder Zwischenfrucht, ist die beste Möglichkeit zur Verhinderung dieser Probleme. Hierfür sind geeignet:

a) als Untersaat:	12 kg/ha	Deutsches Weidelgras
	6 kg/ha	Weißklee
b) als Stoppelsaat:	20 kg/ha	Welsches (Deutsches) Weidelgras
	10 kg/ha	Inkarnatklee
oder	40 kg/ha	Winterwicken
	10 kg/ha	Inkarnatklee.

Diese Gründüngungsgemische sind ausreichend winterfest, bilden eine dichte Narbe und sind genügend tragfähig, um während der Wintermonate Gülle ausbringen zu können. Der Umbruch erfolgt im Frühjahr zur Maisbestellung. Die schnellere Erwärmung des Bodens auf die für Mais geforderten 8—9° C sind hierbei ebenso vorteilhaft wie die Anreicherung mit organischer Substanz und die Verhinderung von Erosionsschäden. In Grenzlagen des Maisanbaues kann diese Vorbereitung des Maisanbaues von ertragsentscheidender Bedeutung sein; denn jeder Tag verspätete Aussaat kostet etwa 1 % Ertragsleistung.

Bei der **Aussaat des Maises** können leicht Fehler entstehen, besonders wenn unter Zeitdruck bestellt wird. Eine gleichmäßige Fahrgeschwindigkeit bis 5 km/h für Geräte mit mechanischer Ablage und bis 8 km/h bei pneumatischem System sind unbedingt einzuhalten. Schnellere Fahrtgeschwindigkeiten ergeben geringere Pflanzenzahl je ha. Der Fehler kann leicht 6—10 % betragen und bedeutet Ertragsverlust; denn nur 1 km schnellere Fahrt ergibt ca. 6 % weniger Pflanzenbestand.

Nach der Aussaat des Maises gilt es, tierische Schädlinge, Krankheiten und Verunkrautungen sorgfältig zu beachten und erforderliche Maßnahmen frühzeitig zu ergreifen.

Vogelfraß nach Aussaat und beim Auflauf verhindert man durch Inkrustierung der Maissaat mit Mesurol oder Cumitex. Etwas tiefere Kornablage auf 5—6 cm und wärmerer Boden vermindert die Zeitspanne möglicher Schädigung. Auch Ablenkungsfütterung vor Aufgang am Feldrand bringt häufig Erfolge.

Weitere Schädlinge und Krankheiten, die den Mais während der Wachstumsphase begleiten, sind:

Fritfliege: besonders als Folge enger Getreide-Maisfruchtfolge, Saatgutbeizung, Flächenbehandlung sind möglich.

Drahtwürmer: Bis 3 Jahre nach Grünlandumbruch oder älteren Futterbauflächen. Chemische Behandlung des Saatgutes oder der Fläche erforderlich.

Nematoden: als Folge zunehmenden Maisanbaues. Freilebende und Wurzelnematoden verursachen Verdickung der Wurzelseitentriebe. Die Standfestigkeit wird gefährdet. Bekämpfung ist schwierig.

Maiszünsler: Befall überwiegend in wärmeren Klimalagen. Bekämpfung per Flugzeug zur Flugzeit des Schmetterlings erforderlich.

Maisbeulenbrand: häufig anzutreffen. Infektion vom Boden aus, sowie Sporenübertragung. Ertragsverluste sind gegeben. Verfütterung von Brandbeulen nicht gefährlich für das Vieh.

Stengel-Wurzelfäule: Infektion durch Fusariumpilze ergeben bis 30 % Ertragsverluste durch Notreife und Windbruch. Keine Bekämpfung möglich, gesunde Stellung in der Fruchtfolge beachten.

In der **Unkrautbekämpfung** hat der Maisanbau neue Probleme gebracht. Starkes Auftreten von Hirsen und spezifischen Unkräutern wie Melde und Knöterícharten erfordern einen gezielten Herbizid-Einsatz.

1.4 Futterrüben

Ertragreiche Sorten sind Voraussetzung für einen rentablen Anbau von Futterrüben. Moderne Zuchtverfahren verbesserten Ertrag und Ertragssicherheit. Polyploide- und Hybridzüchtung haben hierbei entscheidenden Einfluß. Die Gesamtmasse von Rüben und Blatt ergeben Nährstofferträge von 10 000—12 000 KStE/ha.

Das genetisch vorhandene Ertragspotential kann nur voll ausgeschöpft werden, wenn die Anbautechnik folgerichtig durchgeführt wird. Da meistens Getreide die Vorfrucht ist, sollte zur Verbesserung der Bodenstruktur und Anreicherung mit organischer Substanz eine Zwischenfrucht eingeschaltet werden.

Diese Gründüngung darf wegen der Nematodengefahr nicht zu den Kreuzblütlern gehören (Raps, Senf). Kleearten und Gräser sind vorteilhaft. Auch Grobleguminosen und Phacelia sind gut geeignet. Die Gründüngung soll vor Winter eingepflügt werden; bei leichtem Boden spätestens bei Ausgang des Winters, damit das Saatbett sich absetzt und gut vorbereitet werden kann.

Die Saatgutformen bei Futterrüben sind heute ähnlich wie bei Zuckerrüben zweckgerecht und arbeitssparend. Man unterscheidet zwischen den folgenden Saatgutformen:

a) **Normalsaatgut:** mehrkeimig (2—4), Vereinzeln erforderlich, Saatgutbedarf 12—15 kg/ha

b) **Präzisionssaatgut:** technisch monogerm (70 % einkeimig) und 3,0 bis 4,75 mm Kalibrierung, mit Einzelkornsägeräten auszulegen, Saatgutbedarf 5—7 kg/ha

c) **Monogermsaatgut:** genetisch einkeimig (90 %), Endablage auf 12—16 cm, anzustreben sind 100 000 Rüben je ha. Saatgutbedarf 2 Einheiten je ha

d) **pilliertes Saatgut:** Präzisionssaatgut und Monogermsaatgut werden technisch mit einer Hüllmasse pilliert. Eine Einheit enthält 100 000 Pillenkörner. Besonders praxisgerecht ist die halbe Einheit mit 50 000 Stück.

Erst die Ablage auf Endabstand schafft Voraussetzung für den arbeitssparenden Rübenanbau. Ein Anfangsbestand von 100 000 Pflanzen je ha wird angestrebt.

Mit dem arbeitssparenden Futterrübenbau ist die Unkraut- und Schädlingsbekämpfung zwangsläufig eng verbunden. Die Bandspritzung ist gegenüber der Flächenbehandlung kostensparender. Außerdem bietet die Maschinenhacke zwischen den Reihen einen wuchsfördernden Krümeleffekt.

Schädlinge konzentrieren sich bei fehlendem Unkraut auf die wenigen Rübenpflanzen. Auch aus dieser Sicht ist die Bandspritzung und Schutz nur der Rübenpflanzen vorzuziehen.

Futterrüben sind dankbar für gute Nährstoffversorgung. Dem geforderten N : P : K-Verhältnis von 1 : 0,8 : 1,4 entspricht eine Düngung von 250 kg/ha Stickstoff, 200 kg/ha P_2O_5 und 350 kg/ha K_2O. Die Grunddüngung kann bereits im Herbst — eventuell auf die Zwischenfrucht — ausgebracht werden. Die N-Düngung wird zur Hälfte bei der Saatbettbereitung, die andere Hälfte im 4-Blattstadium der Rüben als Kopfdünger gegeben. Der Hauptnährstoffverbrauch findet im Juni/Juli und im September/Oktober statt wie die nachstehende Tabelle angibt:

Tabelle 12: **Anteilmäßige Nährstoffaufnahme in % während der Vegetationszeit** (BDP-Abt. Futterrüben)

Zeitraum	N	P_2O_5	K_2O	CaO	MgO
Mai	2,4	1,6	1,6	1,8	1,8
Juni	23,1	15,4	13,5	11,8	18,8
Juli	47,9	40,8	46,0	52,5	42,5
August	9,1	15,7	16,9	14,7	6,5
Sept./Okt.	17,5	26,5	22,0	19,2	30,4
Gesamt:	100,0	100,0	100,0	100,0	100,0

Die Ernte der Futterrüben ist heute voll mechanisiert. Entweder wird das Blatt nach dänischem Verfahren vorher abgeschlegelt oder mit dem Vollernter in einem Arbeitsgang in Quer- oder Längsschwaden abgelegt.

Landsberger Gemenge

Kleegras

Futterrüben sind gutes Milchvieh-Futter

Futterraps — links hohe — rechts geringe Weidereste

Futterrapsernte zur Konservierung

Wesentlicher Faktor der Arbeitsersparnis ist die Einlagerung in Verbindung mit der Fütterungstechnik. Bei einem Schüttgewicht von 600 kg/m³ sind je ha 170—200 m³ Rüben einzumieten. Die Hofmiete ist der Feldmiete vorzuziehen, um die Arbeitskette im Winter bei befestigten Mietenplätzen möglichst kurz zu halten. Die optimale Lagermietentemperatur von 2—4° C muß im Herbst möglichst schnell erreicht werden. Erst dann erfolgt Abdeckung mit Strohballen, Folien oder Erde. Um Verluste zu vermeiden, ist die Mietentemperatur ständig zu kontrollieren.

In der Fütterung ist die Futterrübe für Leistungskühe ein kaum zu entbehrendes Grundfutter, weil schmackhaft, leicht verdaulich und Ersatz für Kraftfutter. Den Futterrüben wird von seiten der Tierernährung eine diätetische Wirkung zugeschrieben. Nach Fütterungsversuchen in Aulendorf und Haus Riswick sind Hochleistungskühe bei 20 kg Futterrüben in der Ration weniger anfällig für Stoffwechselerkrankungen.

Tabelle 13: **Beispiele verschiedener Futterrationen mit einem Anteil von 25 bzw. 30 kg für steigende Milchleistungen** (BDP-Abt. Futterrüben)

	in 1 kg Futtermittel sind enthalten		Für Milchleistungen (4 % Fett) von:		
	verd. Eiw. g	StE	20 kg	30 kg	40 kg
Rüben	8	95	25,0	25,0	25,0
Zuckerrübenblattsilage	18	98	20,0	20,0	18,0
Heu	74	405	5,0	4,0	3,0
Kraftfutter:					
eiweißreiche Mischung	220	670	3,0	3,0	5,5
hofeigene Mischung (je 50 % Hafer und Gerste)	98	665	—	6,0	8,0
Rüben	8	95	30,0	30,0	30,0
Grassilage (30 % TS)	34	170	20,0	17,0	15,0
Heu	74	405	3,0	2,0	2,0
Kraftfutter:					
eiweißreiche Mischung	220	670	2,0	3,0	5,0
hofeigene Mischung	98	665	—	5,0	7,0
Rüben	8	95	25,0	25,0	25,0
Grassilage (40 % TS)	48	230	17,0	14,0	12,0
Heu	74	405	2,0	1,0	1,0
Kraftfutter:					
eiweißreiche Mischung	220	670	1,0	3,0	5,0
hofeigene Mischung	98	665	1,5	5,5	8,0

Die Futterrübe hat nach wie vor in der modernen Rindviehhaltung ihre Vorteile und lohnt sich für Betriebe, die hohe Leistungen kombiniert mit Langlebigkeit und Fruchtbarkeit anstreben. Im Durchschnitt zahlreicher Fütterungsversuche bei Milchvieh, Mastrindern und Jungvieh kann mit einer Verwertung von 4—6 DM/dt Futterrübe gerechnet werden. Berücksichtigt man für den zusätzlichen Arbeitsaufwand 0,50 DM/dt, so ist bei 1 000 dt/ha Ertragsleistung ein Bruttoerlös von 3 500—5 500 DM/ha erzielbar.

Nach der neuen energetischen Futterbewertung, dem Netto-Energie-Laktationssystem (NEL) schneiden Rauhfutter in der Bewertung besser ab, Silagen dagegen schlechter. Die Futterrübe wird am stärksten aufgewertet.

Tabelle 14: **Futterrüben im Vergleich mit anderen Futterstoffen nach NEL**
(BDP-Abt. Futterrüben)

	NEL, MJ je kg Futtertrockenmasse	StE je kg Futtertrockenmasse	+ mehr, — weniger Milch gegenüber dem Stärkewertsystem v. H.
Weidegras	6,16	605	— 12
Weidegrasheu	4,94	391	+ 10
Grassilage	5,63	527	— 7
Maissilage	6,53	620	— 9
Zuckerrübenblattsilage	4,72	467	— 12
Rüben	7,92	586	+ 17
	je kg Futtermittel		
Melasseschnitzel	6,75	620	— 6
Gerste	7,42	708	— 9
Sojaschrot	7,31	719	— 12
Kraftfutter	7,17	690	— 10

Diese neue Bewertung hat auch ökonomische Konsequenzen, weil die Produktionskosten der Wirtschaftsfuttermittel und die Preise der Handelsfuttermittel in DM je Energieeinheit angegeben werden.

Tabelle 15: **Futterkosten für 1 kg Milch in Dpf nach StE und NEL**
(BDP-Abt. Futterrüben)

	Stärkewertsystem	System NEL, MJ
Weide	5,77 (1)*	6,67 (1)*
Grassilage	10,44 (3)	11,43 (3)
Maissilage	13,19 (4)	14,60 (6)
Zuckerrübenblattsilage	9,07 (2)	10,48 (2)
Futterrüben	13,74 (6)	11,75 (4)
Weidegras/Heu	13,19 (5)	12,06 (5)
Kraftfutter	20,60 (7)	20,86 (7)

( )* Rang

Die Futterrübe, die in den letzten Jahren in zunehmendem Maße vom Mais verdrängt wurde, weil nicht zuletzt nach dem StE-Wertsystem eingestuft wurde, rangiert jetzt nach dem NEL-System **vor** dem Silomais.

1.5 Kohlrüben

Auf leichten Böden und bei kurzen Vegetationszeiten ist die Kohlrübe eine sichere Hauptfrucht, die bis in den November hinein noch Ertragszuwachs aufweist und damit begrenzte Vegetationszeit voll ausnutzt. Bei 8° C Kälte ist die Kohlrübe erst frostgefährdet.

Als relativ anspruchslose Futterpflanze bringt sie selbst auf Sand- und Moorböden noch Erträge von ca. 1 000 dt/ha. Die Nährstoffversorgung ist für den Ertrag maßgebend. Die hohen Nährstoffentzüge erfordern entsprechende Nachlieferung.

Tabelle 16: **Nährstoffentzug bei 1 000 dt/ha Rüben und 100 dt/ha Blatt** (Lit. 29)

Nährstoff:	N	P_2O_5	K_2O	CaO	MgO
Entzug:	300	100	500	150	60

Wie bei allen Kreuzblütlern besteht ein hoher Kalibedarf. Der pH-Wert darf nicht zu niedrig sein, da saure Böden die Kohlhernie fördern. Bormangel läßt die Rübe glasig werden, die Haltbarkeit nimmt ab. Kupfermangel führt zu Anthozianverfärbung der Blätter und Kümmerwuchs. Organische Düngung durch Gülle kann in Gaben von 20—30 m³/ha bis unmittelbar vor der Pflanzung ausgebracht werden. Spätere Gaben in den wachsenden Bestand führen häufig zu Ätzschäden. Es gibt zwei Anbauverfahren: Die Pflanzung und die Drillsaat. Pflanzung wird in Höhenlagen bevorzugt, weil ein verspäteter Vegetationsbeginn ausgeglichen werden kann. Außerdem kann eine sorgfältige Bodenvorbereitung durchgeführt werden. Die Anzucht der Kohlpflanzen erfolgt in Zulieferbetrieben mit klimatisch bevorzugten wärmeren Lagen. Die Entfernung von 50—60 km wird in Kauf genommen.

Für 1 ha Pflanzfläche ist eine Anzuchtfläche von 200 m² erforderlich. Der Saatgutbedarf für die Anzuchtfläche beträgt 0,5—0,75 kg Normalsaatgut. Es entstehen Pflanzgutkosten von 150—200 DM. Im Anzuchtfeld braucht die Kohlrübenpflanze 4—6 Wochen bis zum Verpflanzen. Man benutzt Pflanzmaschinen oder bei kleineren Flächen auch von Hand. Je ha wird ein Pflanzenbestand von 50 000—60 000 Rüben angestrebt. Die Pflege zur Unkrautbekämpfung kann durch Hacke oder auch chemisch durchgeführt werden. Die Drillsaat muß frühzeitig erfolgen, damit die Wachstumsphase nicht zu stark begrenzt wird. Wie bei Futterrüben wird pilliertes Saatgut bevorzugt. Mit Einzelkornsägeräten werden bei Ablage auf 5—6 cm Abstand 5—6 kg Saatgut benötigt.

Krankheiten und Schädlinge beeinflussen den Ertrag der Kohlrübe. Kohlhernie, verursacht durch Schleimpilze, ergibt Deformation der Knolle. Bei Befall ist der Anbau 5—6 Jahre auszusetzen. Von den tierischen Schädlingen kann die Kohlfliege erhebliche Schäden anrichten. Die Maden schmarotzen in den Wurzeln und bringen die Rübe zum Absterben. Saatgutbehandlung mit Beizmittel verhindert den Befall. Ebenso muß die Raupe des Kohlweißlings mit Insektiziden bekämpft werden.

Die Lagerfähigkeit der Kohlrüben ist bis März begrenzt, wegen leichter Erwärmung soll die Lagermiete etwa 1,5 m Breite und 1,20 m Höhe haben. Die Mietentemperatur darf 4° C nicht überschreiten.

In der Ertragsleistung steht die Kohlrübe auf manchen Standorten in Konkurrenz zur Futterrübe. Doch die Erträge können durchaus standhalten.

Tabelle 17: **Ertragsleistung von Kohlrüben als Hauptfrucht auf 6 Standorten 1977—1979** (n. BSA)

Kohlrübenertrag	1977	1978	1979	∅ 1977/79
Frisch in dt/ha	950	1 055	1 008	1 003
TS in %	10,3	10,1	9,7	10,6
TM in dt/ha	97,1	106,8	96,4	100,1

Nach diesen Ergebnissen ist die Kohlrübe der Futterrübe dann vorzuziehen, wenn die Vegetationszeit sehr kurz ist oder späte Herbstwochen genutzt werden sollen.

2. Der Zweitfrucht-Futterbau

Ein Zweitfruchtfutterbau wird möglich nach frühräumenden Vorfrüchten wie die Winterzwischenfrüchte Rübsen, Raps, Futterroggen, Landsberger Gemenge, aber auch noch nach frühem Feldgemüse und Frühkartoffeln, sofern diese bis Ende Juni den Nachbau von Futterpflanzen erlauben. Es muß daher mit einer verkürzten Vegetationsdauer von 4—8 Wochen gerechnet werden. Um hier einen ertragreichen Futterbau einzuplanen, sind die nachfolgenden Arten und Gemische verfügbar.

2.1 Futtergräser/Kleearten

Grünroggen als frühräumende Vorfrucht eignet sich besonders für einen Nachbau von Kleegras oder reinem Gras. Die Aussaat des Saatgemisches erfolgt schon im Herbst mit dem Grünroggen im September. Nach Ernte des Grünroggens im April bis Anfang Mai wächst die Untersaat zügig weiter und bringt im Sommer weitere Futterschnitte.

Wird statt einer Untersaat ein Umbruch der Roggenstoppel mit anschließender Nachsaat eines Gräser- oder Kleegräser-Gemisches angestrebt, so kann noch Gülle oder Stallmist auf die Stoppel ausgebracht werden. Die folgende Zweitfrucht liefert nach sorgfältiger Bestellung noch 2—3 Schnitte. Leichte Böden sind eher für eine Neubestellung, schwere Böden dagegen besser für Untersaat geeignet.

Bei allen übrigen Vorfrüchten ist für Gräser als Zweitfrucht eine Neubestellung notwendig.

Tabelle 18: **Kleegras als Zweitfrucht nach Grünroggen**
(ZM = Zweitfruchtmischung)

	als Untersaat		als Blanksaat		
	ZM 1	ZM 2	ZM 3	ZM 4	ZM 5
Rotklee	12	—	—	—	—
Persischer Klee	—	—	15	—	10
Welsch. Weidelgras	—	30	—	20	10
Einj. Weidelgras	—	—	30	20	20
Wiesenschwingel	8	10	—	—	—
Lieschgras	4	5	—	—	—
Gesamt kg/ha:	24	45	45	40	40

ZM 1: Kleegras als Zweitfrucht mit Übergang in mehrjährigen Feldfutterbau
ZM 2: überjährig, schnellwüchsig als Grünfutter, Heu, Silage und Weide
ZM 3: schnellwüchsiges Kleegras mit 3—4 Aufwüchsen
ZM 4: reines Weidelgrasgemisch mit hohen Erträgen für Schnitt und Weide
ZM 5: ähnlich wie ZM 3, jedoch blattreicher, auch für Beweidung.

Alle Gemische erfordern gute Nährstoffversorgung. In der Bewirtschaftung und im Ertrag sind diese vergleichbar mit den Gemischen des kurzfristigen Haupt-Feldfutterbaues.

2.2 Grünmais

Nach frühräumenden Vorfrüchten hat der Mais bei Aussaat bis Mitte Mai als Zweitfrucht die gleichen Wachstumsbedingungen wie eine Hauptfrucht und wird im Anbau so geführt.

Bei späträumenden Fruchtarten und in Grenzlagen reicht dagegen die Wärmesumme für eine Siloreife nicht mehr aus. Hier hat Grünmais eine Chance. Die Besonderheit liegt darin, daß Grünmais etwa ab Blüte bis zur Milchreife grün verfüttert wird. Betriebe mit Stallhaltung häckseln das Futter und bringen es so verlustlos auf den Futtertisch. 60—80 dt/ha Trockenmasse sind bei dieser Anbauform erzielbar. Im Gegensatz zum Silomais ist die hohe Pflanzenzahl von 150 000/ha charakteristisch für den Grünmais. Sonstige Anbaumethoden und Pflanzenschutzmaßnahmen entsprechen denen des Silomaises (s. Seite 77 ff.).

2.3 Markstammkohl (Futterkohl)

Markstammkohl gilt als die typische Zweitfrucht-Futterpflanze mit einer Aussaatspanne von Mai bis Ende Juli. Alle Vorfrüchte, welche in diesem Zeitraum reifen, sind daher gut geeignet. Mit der späteren Saatzeit im Juli reicht Markstammkohl noch in den Bereich der Sommerzwischenfrüchte. Bei früherem Saattermin, Mai/Juni, sät man auf 50 cm Reihenabstand, später auf 25—30 cm. Die Saatstärke beträgt 3—4 kg/ha Normalsaatgut. Mit pilliertem Saatgut erreicht man einen Bestand, wobei sich die Einzelpflanzen stärker ausbilden können und hohe Massenerträge bis Ende der Vegetationszeit liefern.

Die Nährstoffverwertung ist besonders günstig:

1 kg Stickstoff erzeugt 10 kg TM und 1 kg Rohprotein.

Die Unkrautbekämpfung wird heute chemisch zufriedenstellend gelöst. Gegen Auflaufschäden durch Erdflöhe sollte das Saatgut gebeizt bzw. mit einem Insektizid inkrustiert werden. Die Frischverfütterung des Markstammkohls kann beginnen, wenn die Leistung des Dauergrünlands nachläßt oder frischmelke Kühe ein eiweißreiches Futter benötigen. Die Milch- und Fettleistung wird durch Zufütterung von Markstammkohl sehr begünstigt. Die gute Frosthärte bis —°15 C gestattet eine Frischfütterung auch noch im Winter. Gefrorener Markstammkohl wird auf der warmen Futterdiele aufgetaut und in Mengen von 15—20 kg/Tier als Teil der Futterration verabreicht.

Obwohl auch eine Silierung des Markstammkohls möglich ist, sollte man eine Frischfütterung vorziehen. Bewährt hat sich Mischsilage im Verhältnis 1 : 3 mit Silomais. Das Milchvieh reagiert mit besonders guter Leistung.

2.4 Futtermöhren

Futtermöhren sind praktisch auf allen Böden mit guter Rodemöglichkeit anbaufähig. Als Zweitfrucht nach nicht zu spät räumenden Vorfrüchten bis Juni. Der Anbau ist heute praktisch ohne Handarbeit, weil die Unkrautbekämpfung chemisch gelöst ist.

Bei einem Reihenabstand von 30 cm sollen etwa 70—80 Pflanzen je m^2 wachsen. Gute PK-Versorgung und Anreicherung des Bodens mit 20 bis 30 dt/ha kohlensaurem Kalk zwecks Erhöhung des pH-Wertes. Stickstoffbedarf 100—140 kg/ha. Überhöhte N-Gaben vermindern die Lagerfestigkeit. Nach Einmieten der Ernte, Ende Oktober, ist Zwangsbelüftung wichtig, um die Haltbarkeit für 4—5 Monate zu sichern. Futtermöhren, in Gaben von 5—6 kg/je Großtier, sind ein nährstoff- und vitaminreiches Futter, besonders auch für Pferde.

2.5 Leguminosengemenge (Sonnenblumen)

Ertragreiche Zweitfrucht-Futtergemische bilden auch die Grobleguminosen in verschiedenen Variationen. Besonders für Stallfütterung wird ein eiweißreiches Grünfutter erzeugt. Die folgende Mischung hat sich bewährt:

80 kg/ha Futtererbsen (Peluschken)
60 kg/ha Sommerwicken
30 kg/ha Einjähriges Weidelgras
10 kg/ha Sonnenblumen.

Die Grobleguminosen einschließlich Mischpartner werden als Zweitfrucht nach frühräumenden Winterzwischenfrüchten im April/Mai gedrillt und sind bereits Anfang Juli schnittreif. Die Durchschnittserträge belaufen sich auf:

400—450 dt/ha Grünmasse
50— 55 dt/ha Trockenmasse
9— 10 dt/ha Rohprotein.

Die Sonnenblumen bilden eine ideale Stützfrucht und verhindern ein Verschmutzen des Futters durch Lagerung. Bei Ernte sollen die Sonnenblumen Knospen gebildet haben. Das mitausgesäte Einjährige Weidelgras wächst nach dem Schnitt weiter und ergibt nochmals einen starken Aufwuchs von 200—300 dt/ha Grünmasse eventuell auch noch eine Nachweide im Herbst.

2.6 Grünhafer

Als einjährige Pflanze ist der Hafer als Futterpflanze nur im Frühjahr ansaatwürdig. Er hat sich bewährt, wenn es gilt, Futterlücken schnell zu überbrücken. Bei früher Aussaat nach frühräumenden Winterzwischenfrüchten kann Grünhafer in relativ kurzer Wuchszeit gute Erträge bringen. Sein Hauptanbauwert liegt in der Nutzung einer „schützenden Deckfrucht" bei Weideneuansaaten oder Feldfuttermischungen.

In diesem Fall wird der normale Körnerhafer mit üblicher Saatstärke gedrillt und gleichzeitig die Untersaat miteingesät. Der Hafer, als schützende Deckfrucht, versorgt mit guter N-Düngung von ca. 100 kg/ha, bildet einen kräftigen Bestand und wird als Grünfutter oder Weide (nur bei trockenem Boden) genutzt bevor die Rispen sichtbar sind. In diesem Stadium ist der Verdaulichkeitswert am höchsten. Das Nutzungsstadium für die Konservierung ist die Milchreife. Wegen des hohen Rohfaseranteils ist kurzes Häckseln sehr wichtig. Nach Abernten des Grünhafers kann sich die Untersaat zügig weiterentwickeln und ergibt in der Regel im gleichen Jahr eine Futternutzung.

2.7 Sorghum (Sudangras)

Die Züchtung konnte bei Sudangras durch Hybridisierung einen starken Leistungsanstieg verwirklichen, vermochte jedoch nicht die Klimaabhängigkeit zu verdrängen. Auch die neuen Sorten benötigen nach vielen Anbauversuchen hohe Wärmesummen und reagieren mit Wuchsverzöge-

Tabelle 19: **Vergleich zwischen Mais und Sudangras als Zweitfrucht nach Welschem Weidelgras** (Lit. 16)

Welsches Weidelgras mit Zweitfrucht	1977		1978	
	Erntetermin	TM-Ertrag dt/ha	Erntetermin	TM-Ertrag dt/ha
Welsches Weidelgras 1. Schnitt	31. 5.	77,7	29. 5.	68,8
Zweitfrucht:				
Sudangras	21. 10.	91,9	27. 10.	45,2
Mais	21. 10.	129,8	27. 10.	117,5

rung bei kühlfeuchter Witterung. Auch die Mehrschnittigkeit ergab gegenüber Mais keine besseren Erträge. Hybridsorghum wurde als Zweitfrucht nach Welschem Weidelgras als Vorfrucht in den Jahren 1977 und 1978 in der Leistung verglichen.

Im Durchschnitt beider Versuchsjahre wurde bei Mais als Zweitfrucht fast der doppelte Ertrag gegenüber Sudangras erzielt. Nur in klimatisch günstigen Klimaräumen mit jährlich garantiert hohen Wärmesummen könnte der Anbau von Sudangras befriedigen.

3. Sommer-Zwischenfruchtbau und Gründüngung

Sommer-Zwischenfruchtbau wird mit starken Schwankungen jährlich auf 20 % der Ackerfläche betrieben. Der z. Z. noch steigende Wintergerstenanbau begünstigt eine weitere Ausdehnung.

Gründe für den Zwischenfruchtbau sind:

a) die zusätzliche Produktion wirtschaftseigenen Futters
b) die Gründüngung als Zufuhr organischer Substanz zur Verbesserung der Bodenfruchtbarkeit
c) die grüne Pflanzendecke als Schutz gegen Bodenerosionen.

Zu den Zwischenfruchtpflanzen zählen ca. 25 Arten, die jedoch nicht alle als Futterpflanzen zu bezeichnen sind, sondern teilweise auch als reine Gründüngungspflanzen. Der Zwischenfruchtbau wird auf zweierlei Weise durchgeführt: als Untersaat und als Stoppelsaat.

3.1 Kleegras-Untersaaten

Mit Intensivierung und Technisierung des Getreidebaues war für Untersaaten kaum mehr Raum. Neben Erschwernis des Mähdrusches war vor allem die zunehmende Anwendung von Bodenherbiziden untersaatenfeindlich. Diesen negativen Einwirkungen hat man pflanzenbaulich Rechnung getragen und Arten und Sorten entwickelt, die auf die Getreidedeckfrüchte bzw. den Mähdrusch weniger störend wirken und zukünftig wieder eine Alternative zu den stärker verbreiteten Stoppelsaaten sein können, da Ziel im Zwischenfruchtbau ist:

a) die Anbaukosten zu senken
b) den Arbeitsaufwand möglichst niedrig zu halten
c) direkt nach der Getreideernte eine Gründecke für das Häckselstroh zu haben.

Die Anbautechnik hat sich bei Untersaaten gegenüber früher nicht geändert. Herbstaussaaten der Gräser können nicht durchgeführt werden, wenn Bodenherbizide angewendet wurden. Eine Ausnahme bildet Tribunil, das von Weidelgräsern und Rotschwingel vertragen wird. In einer Versuchsreihe über 15 Jahre wurden die folgenden Untersaat-Mischungen als praxisreif erkannt:

Tabelle 20: **Untersaaten-Mischungen für verschiedene Standorte (UM = Untersaatmischung) als Futter- und Gründüngung**

Mischung in kg/ha	UM 1	UM 2	UM 3	UM 4	UM 5	UM 6	UM 7
Rotklee	—	—	—	—	4	—	—
Weißklee	—	—	6	2	2	4	2
Gelbklee	—	—	—	6	—	—	14
Welsch. Weidelgras	—	—	12	12	12	—	—
Dt. Weidelgras	—	—	—	—	—	12	—
Knaulgras	12	—	—	—	—	—	—
Rotschwingel	—	12	—	—	—	—	—
Gesamt kg/ha:	12	12	18	20	18	16	16

UM 1: Reines Knaulgras auf leichten, trockenen Standorten ohne Bodenherbizide; Aussaat im Frühjahr möglich
UM 2: Reiner Rotschwingel, Aussaat im Herbst unter Wintergerste in Verbindung mit Tribunil
UM 3: Weitverbreitete und vielfach bewährte Untersaat mit Herbst-Futternutzung
UM 4: Kleegrasgemisch für kalkreiche Böden als Gründüngung
UM 5: Kleegras für den Futterbedarf
UM 6: Kleegras, kurzbleibend für Strohhäcksel
UM 7: Kleegemisch kurz, für kalkreiche Böden.

Die zu verwendenden Arten und Sorten müssen als Untersaat im Wuchs kurz bleiben. Als Deckfrucht eignen sich alle Getreidearten. Die frühräumende Wintergerste sollte aber den Stoppelsaaten als Vorfrucht vorbehalten bleiben, um wertvolle Vegetationszeit zu gewinnen.
Der Einwand, daß Untersaaten Deckfruchterträge beeinträchtigen, trifft nach zahlreichen Versuchsergebnissen nicht zu.

Tabelle 21: **Deckfruchterträge unter Einwirkung von Untersaaten nach 12 Versuchsjahren in Klosterseelte (Versuchsstation DSV-Lippstadt)**

Deckfruchtertrag rel.	ohne Untersaat	mit Untersaat
Winterroggen	101	100
Sommergerste	100	100

In allen Versuchsjahren blieb bei normalen, gut gedüngten Getreidebeständen der Aufwuchs der Untersaat bis zum Drusch so kurz, daß der Mähdrusch nicht behindert wurde.
Untersaaten haben den Vorteil, daß sie nahtlos an die Getreideernte anschließen und ohne aufwendige Neubestellung und Startschwierigkeiten weiterwachsen können. Um das voll zu erreichen, sollen die Getreidestoppeln kurz geschnitten werden, damit durch intensiven Lichteinfall die Entwicklung gefördert wird. Eingehäckseltes Mähdruschstroh soll möglichst flach auf den Boden fallen, damit es vom Kleegras rasch durchwachsen wird. Ein Stickstoffausgleich von ca. 60 kg/ha ist auch bei reiner Gründüngung erforderlich.

Ist eine Futternutzung im Herbst beabsichtigt, so ist eine Nährstoffversorgung von 80—100 kg/ha Stickstoff mineralisch oder als wirtschaftseigener Dünger zu geben. Die Aufwüchse werden zweckmäßig beweidet oder als Grünfutter in den Stall geholt. Sie erreichen aus der Versuchsserie die folgenden Erträge:

Tabelle 22: **Erträge Kleegras-Untersaaten der ZM 3 Seite 25 in 12 Versuchsjahren Klosterseelte (Versuchsstation DSV-Lippstadt)**

Grünmasse dt/ha	Trockenmasse dt/ha	Wurzel- und Ernterückstände dt/ha TM
148—200	24,4	37,4

Eine sehr günstige Wirkung der Untersaaten ist für die Bodenfruchtbarkeit gegeben. Wurzel- und Ernterückstände mit 37,4 dt/ha Trockenmasse sind als organische Substanz zur Aktivierung des Bodenlebens von großem Einfluß auf die Bodenfruchtbarkeit. Bei den Nachfrüchten ist in der Regel ein höherer Ertrag zu erwarten. Als Ergebnis aus 12 Jahren Untersaatversuche der Zucht- und Versuchsstation Klosterseelte wurden die folgenden Ertragswerte gefunden:

Tabelle 23: **Nachfruchterträge nach Gründüngung mit ZM 3 Klosterseelte (Versuchsstation DSV-Lippstadt)**

Nachfrucht nach Untersaat	Ertrag ohne Untersaat dt/ha	rel.	Ertrag mit Untersaat dt/ha	rel.
Sommergerste (nach Winterroggen)	41,9	100	44,3	106
Sommergerste (nach Sommergerste)	41,0	100	43,2	105

Leichte Böden mit hohem Umsatz an organischer Substanz sind für diese Art der Humusversorgung besonders dankbar.

Um das arbeitswirtschaftliche Problem des gesamten Zwischenfruchtbaues eines Betriebes zu lösen, sollten Untersaaten wieder stärker berücksichtigt werden. Ein Anteil von 25 % Untersaatenfläche des gesamt vorgesehenen Zwischenfruchtbaues hilft Arbeitsspitzen brechen.

3.2 Kleegras-Stoppelsaaten

Die kurzlebigen und raschwüchsigen Grasarten Einjähriges Weidelgras und Welsches Weidelgras haben als Stoppelgras bis Aussaat Ende August zunehmend Bedeutung erlangt. Einmal wird der Futterwert des Grases für die Herbstfütterung hoch eingeschätzt, weil gerade Gräser ein wiederkäuergerechtes Futter ergeben. Zum anderen ist der Vorfruchtwert der reichhaltigen organischen Substanz besser als bei anderen Zwischenfrüchten.

Als Kleearten kommen der Persische Klee, Alexandrinerklee und Inkarnatklee in Frage. Letzterer besonders in Verbindung mit Deutschem Weidelgras für die Gründüngung.

Tabelle 24: **Stoppelgras-Kleegras-Mischungen für Futter und Gründüngung (STM = Stoppelsaat-Mischung)**

Mischung kg/ha	STM 1	STM 2	STM 3	STM 4	STM 5
Einj. Weidelgras	50	20	30	15	—
Welsch. Weidelgras	—	20	—	15	—
Dt. Weidelgras	—	—	—	—	20
Perserklee	—	—	10	10	—
Alexandrinerklee	—	—	—	(10)	—
Inkarnatklee	—	—	—	—	10
Bodenfrücht. Klee	—	—	—	—	(10)
Gesamt kg/ha	50	40	40	40	30

( ) Klee alternativ

STM 1: schnellwüchsig, nach 6—8 Wochen nutzreif für Grünfutter, Weide, Silage. Spezialsorten für den Stoppelfruchtanbau sind zu bevorzugen. Hinweise in der Beschreibenden Sortenliste beachten.

STM 2: Aufwuchs mit mehr Blattanteil besonders für Herbstweide, Stallfütterung und Silage.

STM 3: schnellwüchsiges Kleegras, ein schmackhaftes Futter für Schnitt und Weide. Tiefgehende Kleewurzeln verbessern den Vorfruchtwert.

STM 4: Kleegras mit gleicher Nutzrichtung wie STM 3 alternativ mit Alexandrinerklee.

STM 5: Besonders kurzbleibend mit dichter Narbe und starker Wurzelbildung. Für Herbstweide und überwinternde Gründüngung. Fahrfeste Narbe für Ausbringung von Gülle. Bodenfrüchtiger Klee kann für Inkarnatklee stehen.

Sollen die Gemische überwiegend beweidet werden, so wählt man die Grasarten je zur Hälfte diploid und tetraploider Sorten. Bei Konservierung sind diploide Sorten zu bevorzugen, weil diese sich leichter anwelken lassen. Gräser haben hohen Nährstoffbedarf und sind erst bei entsprechender Versorgung voll leistungsfähig. Die PK-Düngung für die folgende Hauptfrucht sollte schon auf die abgeerntete Getreidestoppel ausgebracht werden. Die Zwischenfrucht ist dann auch optimal versorgt.

Tabelle 25: **N-Düngung und Ertragsleistung kurzlebiger Weidelgräser im Stoppelfruchtbau 1977—1979**
Zucht- und Versuchsstation Thüle der DSV-Lippstadt

N-Düngung in kg/ha als KAS	Grünmasse dt/ha	Grünmasse rel.	Trockenmasse dt/ha	Trockenmasse rel.
0 N	81,7	44	16,6	53
80 N	185,2	100	31,0	100
160 N	225,8	122	37,4	120
240 N	273,6	148	43,7	141
320 N	283,3	153	42,4	137

Bei einer N-Gabe bis zu 240 kg/ha ist bei kurzlebigen Weidelgräsern (20 kg/ha Einj. Weidelgras + 20 kg/ha Welsches Weidelgras) im Zwischenfruchtbau eine deutliche Ertragssteigerung gegeben.

3.3 Grobleguminosen und Gemische

Die Grobleguminosen Futtererbsen, Peluschken, Sommerwicken, Winterwicken, Ackerbohnen und Lupinen haben immer schon einen festen Platz im Sommerzwischenfruchtbau.

Durch Symbiose mit N-sammelnden Bakterien (Knöllchenbakterien) sind sie im fortgeschrittenen Wachstumsabschnitt Selbstversorger und bilden außerdem einen Stickstoffvorrat zugunsten der Nachfrüchte. Außerdem lockern diese Pflanzenarten mit tiefreichenden Wurzeln den Boden in tieferen Schichten und mobilisieren Mineralstoffe.

Tabelle 26: **Grobleguminosen-Gemische (GM = Grobleguminosen-Gemische)**

Mischung in kg/ha	GM 1	GM 2	GM 3	GM 4	GM 5	GM 6	GM 7
Futtererbsen (Peluschken)	80	60	—	—	—	—	40
Sommerwicken	40	40	30	—	—	—	20
Ackerbohnen	—	—	100	—	—	—	30
Winterwicken	—	—	—	—	—	30	—
Lupinen (Bitter)	—	—	—	200	100	—	—
Einj. Weidelgras	—	20	—	—	—	—	—
Inkarnatklee	—	—	—	—	—	10	—
Ölrettich	—	—	—	—	—	—	2
Futterraps	—	—	—	—	2	—	1
Sonnenblumen	—	—	—	—	—	—	7
Gesamt kg/ha:	120	120	130	200	102	40	100

GM 1: Reines Grobleguminosengemisch als Grünfutter geeignet, ideale Vorfrucht für anspruchsvolle Nachfrüchte (Zuckerrüben).
GM 2: Grobleguminosen mit Grasbeisaat zur Futternutzung. Das Gras bildet trittfeste Narbe, das Futter bleibt sauber. Gras wächst nach.
GM 3: Gemisch Ackerbohnen mit Sommerwicken überwiegend zur Gründüngung. Futterverwertung nur über Silage.
GM 4: Lupinen für reine Gründüngung, kein Futter.
GM 5: Lupinen mit halber Saatstärke und Futterraps als rascher Bodendecker.
GM 6: Winterwicken mit Inkarnatklee kurzbleibend, überwinternd zur Gründüngung.
GM 7: Vielseitiges Gemisch mit hoher Anbausicherheit, auch als Futter nutzbar.

Der Anbau ist vorwiegend aus Sicht der **Fruchtfolge** und **Gründüngung** zu sehen. Zusätzlich sind es eiweißreiche Futterpflanzen, die als Grünfutter oder auch konserviert genutzt werden. Eine Ausnahme bilden Bitterlupinen und teilweise Ackerbohnen. Die Grobleguminosen lassen sich vielseitig in Gemischen mit Gräsern, Kleearten und Kreuzblütlern ein-

bringen. Diese Gemenge haben den Vorteil größerer Vielseitigkeit und sind in der Regel kostengünstiger. Schnellwüchsige Mischpartner bilden schon früh Bodenschutz, da alle Leguminosen eine langsame Jugendentwicklung haben. Neben den robusten Bitterlupinen waren früher auch Süßlupinen im Anbau. Diese sind jedoch durch andere Arten wie Kreuzblütler und Gräser verdrängt und nicht mehr im Handel. Neuerdings kommen wieder bitterstoffarme Sorten auf den Markt. Als Futterpflanze werden sie kaum Bedeutung erhalten. Der Vorfruchtwert dieser Zwischenfruchtpflanzen ist beachtlich. Etwa 50—60 kg Stickstoff sind für die Nachfrucht verfügbar und bei der Nährstoffversorgung anzurechnen.
Die Mischungsvorschläge sind in den Versuchen und in der Praxis erprobt, aber noch weiter variabel und jeweils auf den Nutzungszweck abzustimmen.

3.4 Futterrapse — Ölrettich — Senfe

Von allen Zwischenfruchtarten haben die Kreuzblütler den stärksten Anteil mit ca. 50 %. Die Gründe dafür sind:
a) die niedrigen Saatgutkosten
b) der leichte Anbau
c) ohne Risiko als Futter und Gründüngung nutzbar.
Die Züchtung hat Sorten entwickelt, die als Futter oder Gründüngung eine praxisgerechte Anwendung mit frühem und spätem Aussaattermin gestatten.

Winterraps kommt bei früher Aussaat im Juli nicht zur Blüte. Der Bestand bildet überwiegend Blatt (bis 90 %) und kurze Stengel. Nach 8—10 Wochen nutzreif, werden die Aufwüchse beweidet, als Stallfutter oder Silage verwertet.
Gründüngungsraps sollte ebenfalls zum Wintertyp gehören, weil hierbei eine intensivere Durchwurzelung zu erwarten ist. Bei Beweidung ergeben sich keine Weidereste.

Sommerrapse neigen bei früher Aussaat zur Blütenbildung und sollen daher erst nach Mitte August ausgesät werden. Sommertypen haben noch im September/Oktober stärkeren Zuwachs, wenn Wintertypen sich bereits auf Überwinterung einstellen. Die Sommerrapse sind nur bei höherem Blattanteil beweidungsfähig. Später sind die Weidereste zu hoch, deshalb ist Konservierung vorzuziehen.

Wechselrapse stehen als Kreuzungen zwischen Wintertyp und Sommertyp und vereinen in sich die Vorteile beider Formen: Verzögerte Blütenbildung und länger andauerndes Wachstum. Der Blattanteil erreicht 70—80 %.
Die bei Körnerraps seit 1974 eingeführten Qualitätsrapssorten ohne Erucasäure werden auch bei Futterraps angestrebt, um Saatgutvermehrung und Saatgutvertrieb einfacher zu handhaben. Nur erucasäurefreie

Futterraps-Saatgutpartien mit minderer Qualität oder aus Überproduktionen können ohne Schwierigkeiten in die Ölmühle verbracht werden.

Die neue Zuchtrichtung auf niedrige Glucosinolatgehalte betrifft auch die grüne Pflanze. Von den Weidetieren werden diese Rapssorten bevorzugt. Sowohl bei Sommer- als auch bei Winterraps sind in Kürze Futterrapssorten die Doppel-00-Qualität (double low) verfügbar, nachdem durch Züchtung die Senfölgehalte stark reduziert wurden. In der Anbautechnik sollte Raps als empfindliche Feinsaat grundsätzlich in ein gepflügtes, fein und fest vorbereitetes Saatbett gedrillt werden. Die Rapswurzel braucht einen lockeren, nährstoffreichen Boden, um sich optimal entwickeln zu können. Saatstärke und Düngung stehen in engem Zusammenhang.

Tabelle 27: **Düngungs- und Saatstärkenversuch zu Futterraps 1977—1979 Zucht- und Versuchsstation Thüle**

N-Stufe	Ertrag in Trockenmasse dt/ha	rel.
0	12,0	39,7
60	30,2	100,0
120	40,6	134,4
180	47,4	156,9
240	51,6	170,8
Saatstärke in kg/ha	**Ertrag in Trockenmasse dt/ha**	**rel.**
5	39,6	100
10	42,3	107
15	42,7	108

Ölrettich, eine einjährige Pflanze, wird nur zur Gründüngung angebaut. Futtergewinnung wird selten und dann nur über Silierung durchgeführt, wobei Senföle zum Teil abgebaut werden. Er ist raschwüchsig und robust und findet daher in der breiten Praxis, auf leichten, wie auf schweren Böden Anklang. Ein weniger sorgfältig vorbereitetes Saatbett nimmt Ölrettich nicht übel. Mit starker Pfahlwurzel wächst er auch in tiefere Bodenschichten. Trockenheit, Nässe und Kälte stören wenig. Bei früher wie später Aussaat bis Anfang September hat Ölrettich ein gutes Leistungsvermögen. Mit diesen Eigenschaften zählt er zu den beliebtesten Gründüngungspflanzen. Die dichte Blattbildung schafft sicheren Erosionsschutz auch während der Blüte. Mit Beginn des Schotenansatzes sollte Ölrettich kurz geschlegelt als Häckselschleier zum späteren Einpflügen liegenbleiben oder — sofern eine Futterverwertung beabsichtigt ist — in diesem Wuchsstadium siliert werden.

In Zuckerrübenfruchtfolgen sollte man auf alle Kreuzblütler als Zwischenfruchtpflanzen wegen der Nematodengefahr verzichten. Der Ölrettich, besonders bei späteren Saatterminen, ist jedoch weniger gefährlich als die übrigen Kreuzblütler.

Für Jagdliebhaber gilt ein Ölrettichbestand als hervorragende Deckung für Niederwild aller Art.

Die Senfe gehören ebenfalls in die Gruppe der absoluten Gründüngungspflanzen. Ihre Stärke liegt in der Spätsaatverträglichkeit. Es ist daher falsch, den Senf — in der Regel handelt es sich um Gelbsenf — als Stoppelsaat früh auszusäen, weil er sehr schnell in die generative Blühphase übergeht. Erst bei abnehmender Tageslänge nach dem 20. August bleibt er vegetativ und bildet noch bis weit in den September kräftige Aufwüchse. Seine Bedeutung als späte Zwischenfruchtpflanze wird daher hoch eingeschätzt. Damit hat der Zwischenfruchtbau auch bei späten Getreideernten durch Anbau von Gelbsenf noch eine gute Chance.

Als Futter hat Senf nur einen geringen Wert und kann höchstens in futterknappen Jahren nach vorheriger Silierung als Notfutter dienen. In der Silage sind die Senföle teilweise abgebaut, so daß das Futter nach Gewöhnung von den Tieren angenommen wird.

3.5 Herbstrüben, Markstammkohl, Kohlrüben

Herbstrüben, Markstammkohl, Kohlrüben sind Zwischenfruchtpflanzen, welche absolut für die Futtergewinnung angebaut werden. **Die Herbstrübe,** auch Stoppelrübe genannt, hat den absoluten Vorrang und wird jährlich auf weiten Flächen der leichteren Böden im nordwestdeutschen Klimagebiet ausgesät. Die heutige Technisierung der Ernte durch Ziehmaschinen hat der Herbstrübe in Milchviehbetrieben nochmals eine Ausdehnung verschafft. Sie wird fest in den Futterplan einbezogen und enttäuscht weder in der Anbau- noch in der Ertragssicherheit.

Der Vorteil der Silierung wird vielfach genutzt, um das kostengünstige wirtschaftseigene Futter voll zu verwerten. Von seiten der Züchtung hat man Sorten entwickelt mit frosthartem Laub, so daß auch eine späte Frischfütterung bis in den Winter möglich ist.

Es gibt keine andere Zwischenfrucht, die mehr Ertragsleistung hat als die Stoppelrübe. Grünerträge (Rübe und Blatt) von 500—700 dt/ha sind regelmäßig erzielbar. Das bedeutet 50—60 dt/ha Trockenmasse.

Der Anbau muß allerdings sorgfältig und frühzeitig durchgeführt werden. Aussaat im Juli bis Anfang August ist Vorbedingung. Die Saatstärke soll mit 1,0 kg/ha so bemessen sein, daß eine volle Entwicklung der Einzelpflanze möglich ist. Gegen Verunkrautung lassen sich

Spezialherbizide einsetzen. Zur Nährstoffversorgung sind wenigstens 120—150 kg/ha Rein-Stickstoff erforderlich, um das Ertragsoptimum zu erreichen. Neben mineralischen Düngern sind auch die wirtschaftseigenen gut einsetzbar. Nachteilig für Herbstrüben ist der mit der Erntetechnik verbundene hohe Schmutzanteil. Außerdem kann bei hohem Senfölgehalt die Frischfütterung nur begrenzt erfolgen. Sorgen bereitet der durch intensiven Anbau verstärkt auftretende Kohlherniebefall. Die auch als Knollensucht bekannte Erscheinung von Verdickungen an den Wurzeln, erfordert eine Anbaupause von 5—6 Jahren. Zuchterfolge in der Resistenzzüchtung sind noch abzuwarten und realisierbar.

Der Wert als Gründüngungspflanze ist bei Herbstrüben sehr schwach, weil nur etwa 2 dt/ha an organischen Resten im Boden verbleiben. Für die Bodenbedeckung und Schutz gegen Erosionen ist Stoppelrübe mit stark deckendem Blattanteil als vollwertig anzusehen.

Markstammkohl gilt mehr als Zweitfruchtpflanze mit einer Aussaatzeit spätestens vor dem 1. August. Je früher die Saatzeit, um so höher die Ertragsleistung. Aus arbeitstechnischen Gründen verzichtet man auf das früher übliche Pflanzverfahren. Die Drillsaat wird mit 4 kg/ha auf 25 bis 30 cm Reihenabstand durchgeführt. Eine frühzeitige Unkrautbekämpfung ist ebenso notwendig wie die Behandlung des Saatgutes gegen Erdfloh, damit die Jugendentwicklung besonders bei späten Saatterminen gefördert wird.

Von Vorteil ist das lang anhaltende Wachstum des Markstammkohls im Herbst, selbst bei kühler Witterung. Bei einer Düngung von wenigstens 120 kg/ha Stickstoff ist ein Ertrag von 200—250 dt/ha an Grünmasse zu erwarten.

Kohlrüben haben ähnlich wie Markstammkohl nur begrenzte Anbauchancen im Sommerzwischenfruchtanbau. Neben Frühkartoffeln, Feldgemüse, sind noch Grassamenbau und frühe Wintergerste als Vorfrüchte geeignet. Das Pflanzverfahren mit entsprechender Pflanzenanzucht ist allein noch möglich. Die Anzucht muß 6—8 Wochen vor dem voraussichtlichen Pflanztermin erfolgen. Gute Nährstoffversorgung und zügiges Wachstum lassen einen Ertrag von ca. 300 dt/ha Rüben erwarten. Kohlrüben sind milchleistungs- und gesundheitsfördernd.

3.6 Phacelia, Kulturmalve

Kreuzblütler nehmen einen großen Umfang im Zwischenfruchtbau ein. Da diese eine Gefahr in der Rübenfruchtfolge wegen Nematodenübertragung sind, entdeckte man auf der Suche nach neutralen Pflanzen die Phacelia für den Zwischenfruchtbau. Mit ihren vorzüglichen Eigenschaften, wie schnelle Bodenbedeckung, tiefe Durchwurzelung und Nematodenresistenz, hat sie bald einen festen Platz unter den Stoppelfrüchten eingenommen. Auch in trockenen Perioden kann sie gut überdauern. Als

Wurzelbild von Kleegras als Untersaat

Wurzelbild von Rapspflanzen

Zwischenfruchtbau — Ackerbohnen und Wicken

— Sonnenblumen und Leguminosen

Wildäsungsfläche

nicht verwandte Kulturpflanze vermag Phacelia die engen Fruchtfolgen aufzulockern und hilft das Risiko zu mindern. Die Gründüngungspflanze Phacelia holt Nährstoffe auf tieferen Bodenschichten und hält sie der Nachfrucht verfügbar. Der Aschegehalt übertrifft andere Zwischenfruchtpflanzen.

Tabelle 28: **Mineralstoffgehalt in % der Trockenmasse Phacelia und andere Arten** (Lein. DLG-Mittlg. **14**, 1952)

% von TM	Asche	P_2O_5	K_2O	CaO	MgO
Phacelia	16,9	1,11	3,67	4,45	0,81
Gräser	—	0,54	2,42	0,73	0,36
Klee	—	0,56	1,99	2,29	0,67
Senf	11,8	0,92	3,75	2,55	0,57

Da Phacelia als Gründüngungspflanze in den Boden eingebracht wird, ergeben sich hohe Werte an P_2O_5 und CaO für die Nachfrucht.

Im Anbau werden 10—12 kg/ha Saatgut ausgesät. Im Aufgangsstadium ist Phacelia besonders gegen Verschlämmung empfindlich. Warme Böden werden bevorzugt. Die Nährstoffversorgung mit Stickstoff soll etwa 70 bis 80 kg/ha Rein-N betragen. Der krautige Wuchs bleibt mit starker Beschattungsintensität bis zum Spätherbst erhalten. Der feinstengelige Aufwuchs läßt sich leicht abschlegeln und vorwelken. Ist keine Herbstbestellung vorgesehen, läßt man die Phacelia über Winter abfrieren. Bei 6—8° C Frost bricht sie zusammen. Bis zum Frühjahr sind auch die letzten Reste trocken. Die Phacelia hat sich selbst verabschiedet. Leichtes Einarbeiten oder auch Direktsaat sind möglich.

Zu Fütterungszwecken ist die Pflanze kaum geeignet. Aus der Literatur wird berichtet, daß überwiegend Sauen das saftige, rohfaserarme, aber mineralsalzreiche Grün recht gut verwerten. Den Imkern ist Phacelia wegen der langanhaltenden Blütezeit als Bienenweide bekannt. In diesem Fall erfolgt Aussaat Ende April bis Anfang Mai. Auch Wildäcker können durch Phacelia mit geringem Saatanteil bereichert werden.

Kulturmalve ist eine Weiterentwicklung der ehemaligen Futtermalve. Wegen ihres geringen Futterwertes dient die neue Form dem Zwischenfruchtbau als Gründüngungspflanze. Der Wert ist besonders wegen der raschen Jugendentwicklung, der großen Blätter mit guter Bodenbedekkung, den tiefgreifenden Wurzeln, welche den Boden lockern, sowie ihrer Nematodenhemmung bei allen Kulturpflanzen hoch einzuschätzen. Die Aussaat muß früh nach Getreide erfolgen. Späteste Aussaat Mitte August. Neben der Grundversorgung mit P und K sind 60—80 kg/ha Stickstoff erforderlich.

In Versuchen hat sich auch Mischanbau von

4 kg/ha Phacelia und
6 kg/ha Kulturmalve

bewährt, weil beide Partner einen gleichen Wachstumsrhythmus haben. Hierbei werden die Saatgutkosten um etwa 20 % verringert. Obwohl die Kulturmalve auch im Winter abfriert, ist ein Abschlegeln der stengeligen Grünmasse und Anwelken vor dem Einpflügen empfehlenswert.

4. Der Winterzwischenfruchtbau

Der Sommerzwischenfruchtbau hat häufig eine sehr eng begrenzte Aussaatzeit, die zudem in eine Arbeitsspitze der Getreideernte fällt. Das trifft weniger für den Winterzwischenfruchtbau zu, der mit Aussaat Ende August bis Mitte September seine normale Aussaatzeit hat. Die Futterarten sollen frühzeitig ausgesät werden, damit eine gute Vorwinterentwicklung erreicht wird. Eine bessere Winterhärte verringert das Risiko des Anbaues.

4.1 Gräser-Leguminosen

Die bekannteste Winterzwischenfrucht in der Kombination Welsches Weidelgras, Inkarnatklee und Winterwicken ist das Landsberger Gemenge.

Die Aussaat kann bis Mitte September vorgenommen werden. Spätere Saattermine lassen Inkarnatklee und Winterwicken sich nicht mehr ausreichend entwickeln, so daß auch die Zweitfruchtbestellung im Frühjahr sich verzögert.

Tabelle 29: **Landsberger Gemenge und abgewandelte Mischkombinationen (WM = Winterzwischenfrüchte-Mischungen)**

Mischung in kg/ha	WM 1	WM 2	WM 3	WM 4	WM 5	WM 6
Welsches Weidelgras						
diploid	20	20	20	50	—	—
tetraploid	—	20	30	—	60	—
Inkarnatklee	20	10	—	—	—	15
Winterwicken	20	—	—	—	—	40
Gesamt kg/ha	60	50	50	50	60	55

WM 1: Ursprungsgemisch des Landsberger Gemenges, heute weitgehend überholt.
WM 2: Welsches Weidelgras mit Inkarnatklee zur Tiefenwurzelung.
WM 3: Welsches Weidelgras einer diploiden und einer tetraploiden Sorte, anspruchsvoll in der N-Düngung.
WM 4: Welsches Weidelgras diploid, feinstengelig, leichter silierfähig und leichter zu heuen.
WM 5: Welsches Weidelgras tetraploid, hoch ertragreich, grobstengelig, zum Silieren — vorher Anwelken.
WM 6: Als reine Gründüngung mit grüner Winterdecke.

Das Welsche Weidelgras, als die wichtigste Komponente, hat durch Züchtung einen hohen Leistungsstand erreicht und wird einer so kurzfristigen Nutzung nicht mehr gerecht. Nach Möglichkeit soll bei früheren Aussaaten schon eine Vornutzung im Herbst durch Beweiden angestrebt werden. Auf diese Weise können schon 1 500—2 000 KStE vom Welschen Weidelgras vorweg erzielt werden. Ein so kräftig entwickelter Bestand soll kurz in den Winter gehen und durch kräftige Stickstoffdüngung getrieben im März/April sich zügig entwickeln. So kann erreicht werden, daß der 1. Schnitt spätestens Mitte Mai genutzt wird. Anschließend schnell umgebrochen, kann Silomais folgen.
Von der Praxis werden heute die Mischungen WM 1 und WM 3 bevorzugt, weil sie dem technischen Ablauf der Ernte am besten gerecht werden. Die eiweißreichen Winterwicken bereiten Schwierigkeiten beim Silieren und verspäten die Zweitfruchtbestellung.
Die Mischung WM 6 dient mehr der Gründüngung. Bei frühzeitiger Aussaat bis Mitte August kann das reine Leguminosengemisch überwintern und bildet als grüne, relativ niedrigwachsende Pflanzendecke einen idealen Erosionsschutz. Der frühzeitige Umbruch im Februar/März oder April erlaubt noch eine Hauptfrucht wie Zuckerrüben, Kartoffeln, Mais. Der Boden erwärmt sich rasch und ist gut durchlüftet.

4.2 Grünroggen und Gemenge

Grünroggen zählt neben Welschem Weidelgras zu den bekanntesten Winterzwischenfrüchten. Ziel ist, möglichst früh im April Grünfutter zu ernten, um teure Winterstallfütterung abzukürzen und gleichzeitig Vorbereitung auf den Weidegang zu haben. Bei Aussaat eines normalen Langstrohroggens Ende September mit einer Saatstärke von 200 kg/ha erreicht man einen dichten Pflanzenbestand. Gut mit Nährstoffen versorgt, wird Grünroggen im April schnittreif sobald der Bestand kniehoch ist. Vor dem Ährenschieben soll die Nutzung abgeschlossen sein, weil das Futter schnell härter wird. Die Futterqualität läßt nach und die Tiere verweigern die Aufnahme. Der Siloschnitt soll ebenfalls zum Zeitpunkt des Ährenschiebens erfolgen, da mit zunehmender Entwicklung der Rohfaseranteil steigt und die Futterqualität sinkt. Früher Schnitt, ca. 8—10 Tage vor Welschem Weidelgras, begünstigt den Nachbau der Zweitfrucht. Um die Qualität des Grünroggens zu verbessern, hat man entsprechende Gemenge entwickelt, wodurch das Futter gehaltvoller werden soll.

Tabelle 30: **Grünroggen und Gemenge (RM = Roggengemenge)**

Mischung in kg/ha	RM 1	RM 2	RM 3	RM 4
Roggen	200	140	140	140
Winterwicken	—	—	40	40
Welsches Weidelgras	—	30	—	20
Gesamt kg/ha	200	170	180	200

Mischungen von Grünroggen mit Winterwicke oder Welschem Weidelgras verbessern den Futterwert.

RM 1: Reiner Grünroggen für Grünfutter und Silage, Ende April schnittreif.

RM 2: Mischsaat mit Welschem Weidelgras verbessert den Futterwert und die schmackhaftigkeit „Dülmener Gemenge".

RM 3: Mischsaat mit Winterwicken ergibt ein eiweißreiches „Wickroggengemenge". Der Schnittzeitpunkt liegt später, so daß der Roggen oft überständig ist. Verspätung auch für Zweitfrucht.

RM 4: Wickroggengemenge mit Welschem Weidelgras, durch Grasanteil in der Leistung und im Gehalt verbessert.

Durch Mischung von 60 % Grünroggen und 40 % Welschem Weidelgras ist die Ertragsleistung gegenüber den Einzelkomponenten deutlich erhöht bei gleichzeitig um 1,0—1,5 % verringertem Rohfasergehalt gegenüber reinem Grünroggen.

Mischsaaten mit Welschem Weidelgras können auch ohne Umbruch in den Hauptfutterbau übergehen und bringen 2—3 weitere Schnitte. Zur Klärung der Alternative Grünroggen oder Reinsaat Welsches Weidelgras ergaben Versuche, daß auf Sandböden Grünroggen dem Welschen Weidelgras überlegen ist und auf besseren Lößlehmböden umgekehrt wie nachfolgende Tabelle zeigt.

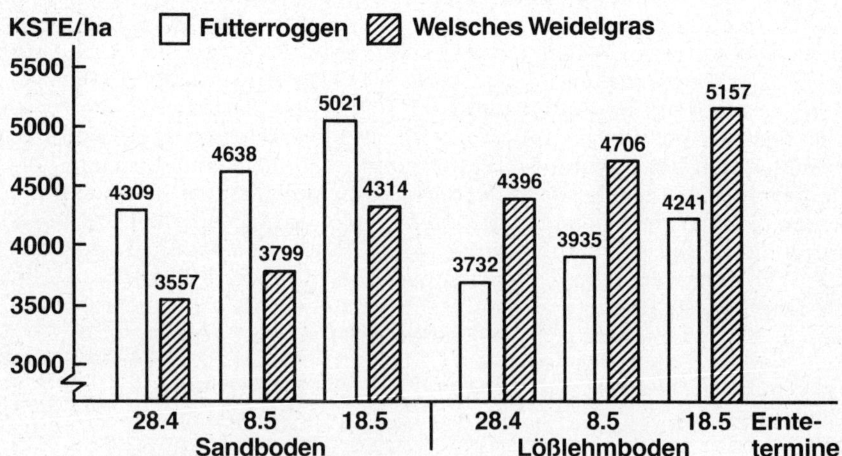

Tabelle 31: **Ertragsleistung Grünroggen und Welsches Weidelgras auf verschiedenen Standorten LÖLF Kleve-Kellen** (Lit. 16)

Auf Sandboden ist Grünroggen mit Silomais als Zweitfrucht die bessere Alternative. Auf Lößlehmböden kann man den Winterzwischenfruchtbau auch in den Hauptfutterbau mit 2—3 weiteren Schnitten übergehen lassen. Die heutigen Zuchtsorten sind dafür ausdauernd und leistungsstark.

4.3 Winterraps — Winterrübsen

Der Winterrübsen ist die am frühesten nutzbare Winterzwischenfrucht und häufig schon Anfang April schnittreif. Rübsen ist mehr auf maritime Klimaanlagen beschränkt. Besonders interessant sind die Kreuzungen mit Chinakohl für die Futternutzung. Bei Aussaat Anfang September mit 12—15 kg/ha Saatstärke darf sich Rübsen vor Winter nicht überwachsen. Nach Winter geht er sehr früh in die generative Phase über und muß genutzt werden bevor die Blüten erscheinen. Die Nutzdauer ist daher oft nur sehr kurz. Verwertungsmöglichkeit und Größe der Anbaufläche müssen in einem entsprechenden Verhältnis stehen.

Von den Futterrapsen sind der **Winterraps** und **Wechselraps** im Winterzwischenfruchtbau verwertbar. Die Züchtung hat neue Futtersorten geschaffen, die gegenüber den Körnerrapsen ein üppiges vegetatives Wachstum entwickeln und mit saftigen Blättern und Stengeln einen hohen Futterwert ergeben. Ziel ist ein frühes Grünfutter für die Stallfütterung zu gewinnen. In zahlreichen Fällen dient der Futterraps auch als Winterweide für Schafe. Die Fütterung eines eiweißreichen Grünfutters im Winter wirkt sich positiv auf das Ablamm-Ergebnis aus. Für die Schafweide soll der Futterraps spätestens 20. August ausgesät werden. 12—15 kg/ha Saatstärke ergeben einen dichten Bestand. Eine Förderung der Herbstentwicklung durch gute Nährstoffversorgung ist notwendig. Die Zuchtsorten des Wechselrapses sind ähnlich früh wie Rübsen, während die Winterfutterrapse etwa 8—10 Tage später sind. In der Praxis ist daher eine Flächenhalbierung ratsam, um die Nutzdauer zu verlängern.

50 % der Fläche mit Winterrübsen/Wechselraps
50 % der Fläche mit Winterfutterraps.

Die Grünmasseerträge erreichen	500—550 dt/ha
die Trockenmasseerträge betragen	50— 55 dt/ha
Rohproteinertrag	9— 10 dt/ha.

Mit diesen Leistungen ist Winterfutterraps eine interessante Winterzwischenfrucht, die auch frühzeitig für den Nachbau einer Zweitfrucht das Feld räumt. Auch für eine Gründüngung ist Winterraps geeignet. Bei gleichem Anbauverfahren erfolgt der Umbruch so zeitig, daß eine Hauptfrucht wie Kartoffeln oder Silomais folgen kann. Gleichzeitig ist die Verwertung von Gülle auf den grünen Bestand vor Einpflügen möglich. Bessere Bodenerwärmung und Durchlüftung sind Ziel dieser Gründüngung.

5. Anlage und Bewirtschaftung von Äsungsflächen

Der Lebensraum des Wildes wurde durch Verminderung der natürlichen, artenreichen Pflanzenwelt in der Vergangenheit stärker eingeengt. Um trotzdem eine ausreichende Wilddichte ohne Schadwirkung durch Wildverbiß in Feld und Wald zu erhalten, sind Äsungsflächen zwingend notwendig.

5.1 Daueräsungsflächen

Sie erfordern nach einer sorgfältigen und gut geratenen Anlage wenig Pflegeaufwand und sind arbeitswirtschaftlich gut tragbar. Zwei notwendige Pflegeschnitte im Juni vor oder während der Gräserblüte sowie im August dienen zugleich einer Rauhfutterwerbung für die Winterfütterung. **Der Flächenbedarf** einer Daueräsung ist abhängig von der Wilddichte im Revier sowie dem Verhältnis zwischen Freiflächen und Holzbodenflächen. Als Anhalt dienen die folgenden Werte je Stück Wild in m²:

Rotwild	ca. 1 000 m²
Damwild	500 m²
Rehwild	300 m²
Schwarzwild	200 m².

Standort und Anlage sollen möglichst in der Nähe von Einstandsdickungen in ruhiger Lage gewählt werden, damit die Flächen auch bei Tage vom Wild beäst werden. Die Nord-Süd-Richtung bietet zugleich beste Ausnutzung der Sonneneinstrahlung. Die Einzelflächen sollen 0,25—0,75 ha betragen. Kleinere Flächen werden häufiger besucht und besser genutzt. Zu starke Schatteneinwirkung sollte möglichst vermieden werden. Gute **Vorbereitung des Saatbettes** und **ausreichende Düngung** fördern die schnelle Entwicklung der Ansaat. Mit Pflug, Bodenfräse und Egge schafft man das feinkrümelige Saatbett. Zur Düngung auf günstigen pH-Wert werden 20—30 dt/ha Hüttenkalk eingearbeitet. Ein pH-Wert von über 6,0 fördert den Kleewuchs. Zur PK-Versorgung sollten jährlich etwa 10 dt/ha Thomaskali (10+20) ausgestreut werden. Die N-Versorgung kann mit 3 dt/ha Stickstoffmagnesia (NMgCu) zur gleichzeitigen Zufuhr von Spurenelementen zu jedem Aufwuchs erfolgen. Auf dieser Basis ist ein nährstoff- und mineralstoffreiches Grünfutter zu erwarten. Die Saatmenge beträgt je nach Mischung 30—40 kg/ha und wird entweder von Hand oder mit der Drillmaschine ausgesät. Anschließend eineggen und mit der Walze leicht andrücken. Die Aussaaten können zeitlich von April bis August vorgenommen werden. Der Pflegeaufwand bleibt gering, wenn Schnitt und Düngung regelmäßig erfolgen. Spätere Lücken durch Mäuse oder Wühlschäden können durch Reparaturnachsaaten ohne Umbruch in der Regel schnell beseitigt werden, indem man 10 kg/ha einer Mischung aus 4 kg/ha Dt. Weidelgras früh + 4 kg/Dt. Weidelgras spät + 2 kg/ha Lieschgras etwas angefeuchtet und mit der vorgesehenen Düngermenge vermischt ausbringt. Die Fehlstellen sind vorher und nachher mit der Egge etwas aufzurauhen und mit der Walze anzudrücken.

Tabelle 32: **Saatmischungen für Daueräsung (ÄM = Wildäsungs-Mischungen)**

Mischung in kg/ha	ÄM 1	ÄM 2	ÄM 3	ÄM 4
Rotklee	—	2	3	2
Weißklee	2	1	2	1
Schwedenklee	2	1	1	2
Gelbklee	—	4	—	1
Hornschotenklee	—	—	1	1
Sumpfschotenklee	—	—	—	1
Persischer Klee	1	1	1	1
Dt. Weidelgras	8	4	8	6
Wiesenschwingel	4	8	4	4
Wiesenlieschgras	6	8	5	4
Wiesenrispe	5	4	4	3
Fruchtbare Rispe	1	—	2	3
Straußgras	1	1	2	2
Glatthafer	2	2	3	—
Goldhafer	—	2	—	2
Knaulgras	4	2	4	1
Rotschwingel	—	—	—	3
Gesamt kg/ha:	36	40	40	37

ÄM 1: Mischung für Niederungen mit normalen Boden- und Klimaverhältnissen, überwiegend Gräser.
ÄM 2: Mischung für Berglagen bis 600 m, vielseitig in der Zusammensetzung robuster Kleearten und Gräser.
ÄM 3: Für leichte Sandböden, vielseitiges Kleegras, geeignet für alle Wildarten.
ÄM 4: Geeignet für Flächen auf schweren, feuchten Böden im Waldschatten für alle Wildarten.

Bei Aussaat im Frühjahr bis Ende Juni soll als Deck- und Schutzfrucht 2 kg/ha Markstammkohl oder Futterraps der Mischung zugesetzt werden. Neben Schutz der langsam wachsenden Kleegräser ergibt das eine ideale Voräsung.
Mit Vorteil können auch Kräuter, wie Pimpinelle, Kümmel, Wegwarte und Schafgarbe mit 0,5 kg/ha zugemischt werden. Zahlreiche Kräuter stellen sich — dem Standort angepaßt — von selbst ein.

5.2 Wildäcker

Gegenüber einer Daueräsungsfläche ist der Wildacker jährlich mit kurzlebigen Äsungspflanzen neu zu bestellen. In ruhiger Lage soll der Wildacker ein schmackhaftes Futter bieten. Für die jährliche Neubestellung soll der Boden mild und wuchsfreudig sein. Nach guter Bodenvorbereitung und Nährstoffversorgung werden Pflanzenarten und Gemische ausgesät, die während des Sommers und teilweise auch während der

Winterzeit ideale Äsung bieten. Wichtig ist ein jährlicher Fruchtwechsel, damit nicht Krankheiten und Schädlinge durch Monokultur gefördert werden. Ein Wildacker soll neben Äsung oft auch Deckung bieten, wozu höherwachsende Pflanzenarten sich eignen.

Tabelle 33: **Arten und Mischungen für einjährige Wildäcker (WAM = Wildacker-Mischung)**

Mischung in kg/ha	WAM 1	WAM 2	WAM 3	WAM 4	WAM 5	WAM 6	WAM 7	WAM 8	WAM 9	WAM 10
Einj. Weidelgras	—	35	—	—	—	—	—	—	—	5
Welsch. Weidelgras	—	10	30	—	—	—	—	—	—	5
Persischer Klee	—	3	—	—	—	—	—	—	—	2
Inkarnatklee	—	—	10	20	—	—	—	—	—	2
Winterwicken	—	—	5	—	—	—	—	—	—	—
Hybridmais	20	—	—	—	—	—	—	—	10	—
Kolbenhirse	3	—	—	—	—	—	—	—	—	—
Rispenhirse	3	—	—	—	—	—	—	—	—	—
Futterraps/Rübsen	—	2	—	—	15	—	—	—	—	1
Herbstrüben	—	—	—	2	—	—	—	—	—	—
Ölrettich	—	—	—	—	—	—	10	—	10	—
Gelbsenf	—	—	—	—	5	—	—	—	—	—
Peluschken	—	—	—	—	—	—	40	—	—	20
Sonnenblumen	—	—	—	—	—	—	—	—	30	5
Buchweizen	—	—	—	—	—	40	—	—	—	—
Lupinen bitterstoffarm	10	—	—	—	—	20	20	—	—	—
Topinambur für 1 000 m² Pflanzgut	—	—	—	—	—	—	—	180	—	—
Gesamt kg/ha	36	50	45	22	20	60	70	180	50	40

WAM 1: Mais/Hirsegemisch als Grün- und Körnerfutter, Aussaat im Mai mit Körnerreife im Oktober.
WAM 2: Kleegras mit Futterrapsdeckung, eiweißreich, Aussaat bis Ende Juli.
WAM 3: Kleegras/Wicke, Äsung auch im Winter. Aussaat Mitte Sommer bis Ende August.
WAM 4: Herbstrüben mit Inkarnatklee, auch für Schwarzwild. Aussaat bis spätestens Ende Juli.
WAM 5: Futterraps für alle Wildarten auch im Winter. Aussaat als Zwischenfrucht bis Mitte August.
WAM 6: Buchweizen für Rehwild und Federwild mit bitterstoffarmen Lupinen. Saatzeit bis Juli.
WAM 7: Ölrettich, Peluschken, Lupinen, Äsung mit guter Deckung. Saatzeit bis Mitte August.
WAM 8: Topinambur wächst aus den wie Kartoffeln gepflanzten Knollen jährlich wieder nach. Äsung besonders für Wildschweine.
WAM 9: Hochwachsendes Gemisch mit starker Deckung.
WAM 10: Vielseitiges Gemisch aus Gräser/Klee/Raps mit Sonnenblumen als Deckung.

Die aufgeführten Mischungen sind eine Auswahl von Vorschlägen, die beliebig erweitert werden können. Es kommt darauf an, Pflanzenarten so zu kombinieren, daß sie im Konkurrenzverhalten zueinanderpassen und außerdem ein Höchstmaß an Futterwert für die Wildäsung bieten.

V. Tabellarischer Anhang

Anbau

	Anbau als: Hauptfrucht	Zweitfrucht	Untersaat	Stoppelsaat	Winterzwischenfrucht	TKG g	Reinsaatmenge kg/ha	Reihenabstand	Saattiefe
1 Dt. Weidelgras	+		+	+		2,0 t 4,0	10—15	15—20	1—2
2 Welsches Weidelgras	+	+	●	+	+	2,0 t 4,0	30—40	15—20	1—2
3 Bastard-Weidelgras	+		+	+		2,3—3,8	25—35	15—20	1—2
4 Einj. Weidelgras	+	+	●	+		2,0—3,0	40—50	15—20	1—2
5 Glatthafer	+		+			3,0	25—35	20	1—2
6 Knaulgras	+		+			1,0—1,3	20—25	20	1—2
7 Wiesenschwingel	+		+			1,8—2,0	30—35	20	1—2
8 Lieschgras	+					0,5	10	15—20	0,5
9 Grünroggen					+	30—35 t 50	180—200 240—300	15	1—2
10 Grünhafer	●	+				30—45	150—180	18—20	2—3
11 Mais									
Silomais	+	+				200—300	20—30	65—80	4—6
Grünmais		+				200—300	35—50	30—50	4—6
12 Grünhirsen		+		●		4,0—8,0	15—25	20—30	1—2
13 Sudangras		+				25—30	40—50	20—25	1—2
14 Luzerne	+		+			2,2—2,7	25	18—25	1
15 Rotklee	+	●	+			1,8—2,3 t 3—4	15—20	15—20	1
16 Weißklee	+		+	+	●	0,5—0,8	10—12	15—20	1
17 Schwedenklee	+		+			0,6—0,7	9—10	15—20	1
18 Inkarnatklee				+	+	3,0—4,0	25—35	15—20	1—2
19 Persischer Klee		+	+			1,2—1,4	18—20	15—20	1
20 Alexandriner Klee	●	+		+		2,7—3,2	30—35	20—25	1
21 Bodenfrüchtiger Klee				+		6,0—10,0	30	15	1—2
22 Serradella				+		2,7—4,6	35—50	15—20	2—3
23 Esparsette	+					14—20	140—180	20	1—2
24 Lupine		+		+		160—300	160—180 220—240	25	2—4

	Anbau als					TKG g	Reinsaat-menge kg/ha	Reihen-abstand	Saat-tiefe
	Hauptfrucht	Zweitfrucht	Untersaat	Stoppelsaat	Winterzwi-schenfrucht				
25 Winterwicke				+	+	20—40	80—100	15—20	3—5
26 Saatwicke		+		+		40—60	130—160	15—20	3—5
27 Ackerbohne	●	+		+		100—200	160—200	20—25	5—7
28 Felderbse		+		+		120—250	100—200	15—20	4—6
29 Grünrübsen		+		+	+	4,0—5,0	10—15	20	1—2
30 Futterraps									
Winter-		+		+	+	3,0—6,0	8—12	15	1—2
Sommer-		+		+		3,0—4,0	15	20	1—2
31 Futterkohl	+	+		●		4,0—4,5	3—4 (6)[1])	25—35 (40—60) gepfl.	1—2
32 Kohlrübe	●	+				2,5—3,0	2—3 (5—7)[1])	40—50	1—2
33 Stoppelrübe				+		1,5—3,3	1 (3)[1])	40—50	1
34 Ölrettich				+		11—13	18—22	15—20	1—2
35 Grünsenf				+		2,5—8,0	15—20	15—20	1—2
36 Futterrübe	+					25—40 11—15	12—15 5—7[1]) 27—30	40—50	3—4
37 Futtermöhre	+		+			1,8—2,0	2—4	30—50	1
38 Sonnenblume		+		+		30—50	20—40	25x40	3—4
39 Topinambur	+					—	1400—2200	45x60	10
40 Phacelie				+		2,0	10—15	15—20	1—2
41 Buchweizen				+		15—17	50—70	15—20	2—3
42 Kulturmalve				+		6,0—8,0	10—15	15—20	1—2

Zeichenerklärung

Anbau + = voll geeignet
● = mäßig geeignet
t = tetraploid
[1]) = pillierte Saat

Nutzung

	Schmackhaftigkeit[1]	Winter-(Frost)härte[2]	Bodenbedeckung[3]	Nutzungsmöglichkeiten: Grünfutter	Heu	Silage	Weide	Techn. Trocknung	Gründüngung	Bienenweide	Wildäsung
1 Dt. Weidelgras	9	8	6	xx	xx	xx	xx	xx	GD		W
2 Welsches Weidelgras	9	6	8	xx	xx	xx	xx	xx	GD		W
3 Bastard-Weidelgras	9	7		xx	xx	xx	xx	xx	GD		W
4 Einj. Weidelgras	7	3	8	xx	xx	xx	x	xx	GD		W
5 Glatthafer	7	9		xx	xx	xx		x	GD		W
6 Knaulgras	7	8		xx	xx	xx	x	x	GD		W
7 Wiesenschwingel	9	9		xx	xx	xx	xx	x	GD		W
8 Lieschgras	9	9		xx	xx	xx	xx	x			W
9 Grünroggen	7	9	4	xx		x	x	●			W
10 Grünhafer	7	2	5	xx		x	x	●			W
11 Mais											
Silomais				●		xx					W
Grünmais	7	1	5	xx		●	x				W
12 Hirsen	5	1	5	xx		xx	●				W
13 Sudangras	5	1	6	xx		xx	x				W
14 Luzerne	7	9		x	xx	●	●	xx	GD	B	W
15 Rotklee	9	8	6	xx	xx	●	x	x	GD	B	W
16 Weißklee	9	9	6	x	x	●	xx	x	GD	B	W
17 Schwedenklee	7	8	6	●	●		x	x	GD	B	W
18 Inkarnatklee	5	6	6	xx	xx		●	●	GD	B	W
19 Persischer Klee	7	2	7	xx	●		x		GD	B	W
20 Alexandriner Klee	5	2	7	x			x	●	GD	B	W

		Schmackhaftigkeit[1]	Winter-(Frost)härte[2]	Bodenbedeckung[3]	Nutzungsmöglichkeiten							
					Grünfutter	Heu	Silage	Weide	Techn. Trocknung	Gründüngung	Bienenweide	Wildäsung
21	Bodenfrüchtiger Klee	5	2	6	●			x		GD		W
22	Serradella	7	2	6	x			x		GD	B	W
23	Esparsette	5	9		x		●		●		B	W
24	Lupine	5	2	7	●	x		●		GD	B	W
25	Winterwicke	5	9	6	x	●	●	●	x	GD	B	W
26	Saatwicke	5	4	7	x		x	●	x	GD	B	W
27	Ackerbohne	3	3	7	●		x	●		GD	B	W
28	Felderbse	7	3	7	x		●	x	●	GD	B	W
29	Grünrübsen	5	7	8	xx		xx	xx		GD	B	W
30	Futterraps											
	Winter-	7	7	8	xx		xx	xx		GD		W
	Sommer-	5	3	8	xx		xx	x		GD		W
31	Futterkohl	7	8	7	xx		x		●	GD		W
32	Kohlrübe	7	3		xx							●
33	Stoppelrübe	7	4	8	xx		x	x				●
34	Ölrettich	3	2	8	●		●	●		GD	B	●
35	Grünsenf	1	2	6	●		●	●		GD	B	●
36	Futterrübe	9	2		xx		●					
37	Futtermöhre	9	2		xx							
38	Sonnenblume	3	1	6	●		x	●		GD	B	W
39	Topinambur	3	2	7	x		x				B	W
40	Phacelie	3	2	8	●		●			GD	B	W
41	Buchweizen	7	1	8	●					GD	B	W
42	Kulturmalve	3	1	8	●					GD		W

[1]) **Schmackhaftigkeit Noten:** 1 — 3 — 5 — 7 — 9
1 = sehr mäßig, 3 = mäßig, 5 = zl. gut, 7 = gut, 9 = sehr gut

[2]) **Winterhärte** Noten: 1—9, 1 = sehr gering, — 9 = sehr gut

[3]) **Bodenbedeckung** (nach Holl. Rassenliste und Messungen durchgeführt bei der DSV-Thüle): Maß für die Bedeckung des Bodens bei gutstehenden Pflanzenbeständen. Eine hohe Zahl bedeutet eine gute Bodendeckung. (Wichtig auch für die Unterdrückung von Unkräutern.)

Nutzungsmöglichkeiten
xx = besonders (gut) geeignet x = geeignet ● = weniger geeignet

Saat-, Ernte- und Nutzungskalender

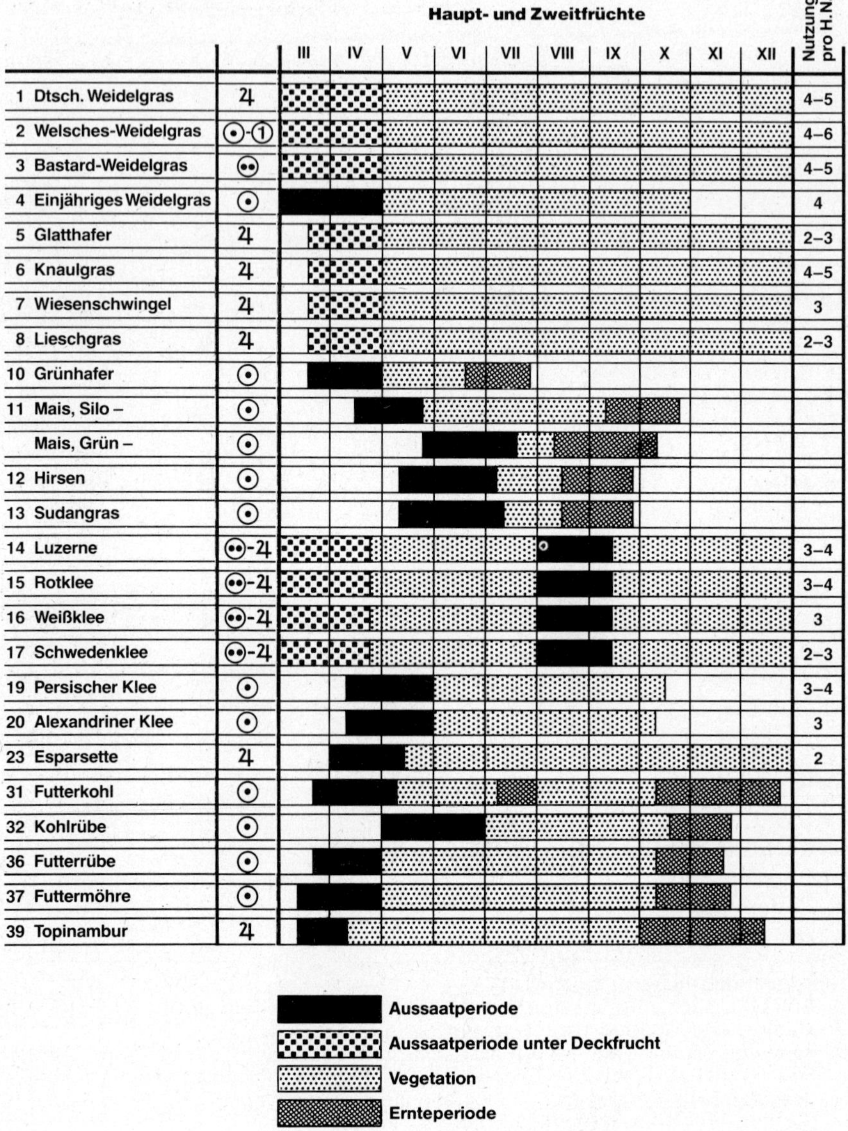

Haupt- und Zweitfrüchte

		III	IV	V	VI	VII	VIII	IX	X	XI	XII	Nutzungen pro H.N.-Jahr
1 Dtsch. Weidelgras	♃											4–5
2 Welsches-Weidelgras	⊙-①											4–6
3 Bastard-Weidelgras	⊙⊙											4–5
4 Einjähriges Weidelgras	⊙											4
5 Glatthafer	♃											2–3
6 Knaulgras	♃											4–5
7 Wiesenschwingel	♃											3
8 Lieschgras	♃											2–3
10 Grünhafer	⊙											
11 Mais, Silo –	⊙											
Mais, Grün –	⊙											
12 Hirsen	⊙											
13 Sudangras	⊙											
14 Luzerne	⊙⊙-♃											3–4
15 Rotklee	⊙⊙-♃											3–4
16 Weißklee	⊙⊙-♃											3
17 Schwedenklee	⊙⊙-♃											2–3
19 Persischer Klee	⊙											3–4
20 Alexandriner Klee	⊙											3
23 Esparsette	♃											2
31 Futterkohl	⊙											
32 Kohlrübe	⊙											
36 Futterrübe	⊙											
37 Futtermöhre	⊙											
39 Topinambur	♃											

Aussaatperiode

Aussaatperiode unter Deckfrucht

Vegetation

Ernteperiode

Saat-, Ernte- und Nutzungskalender

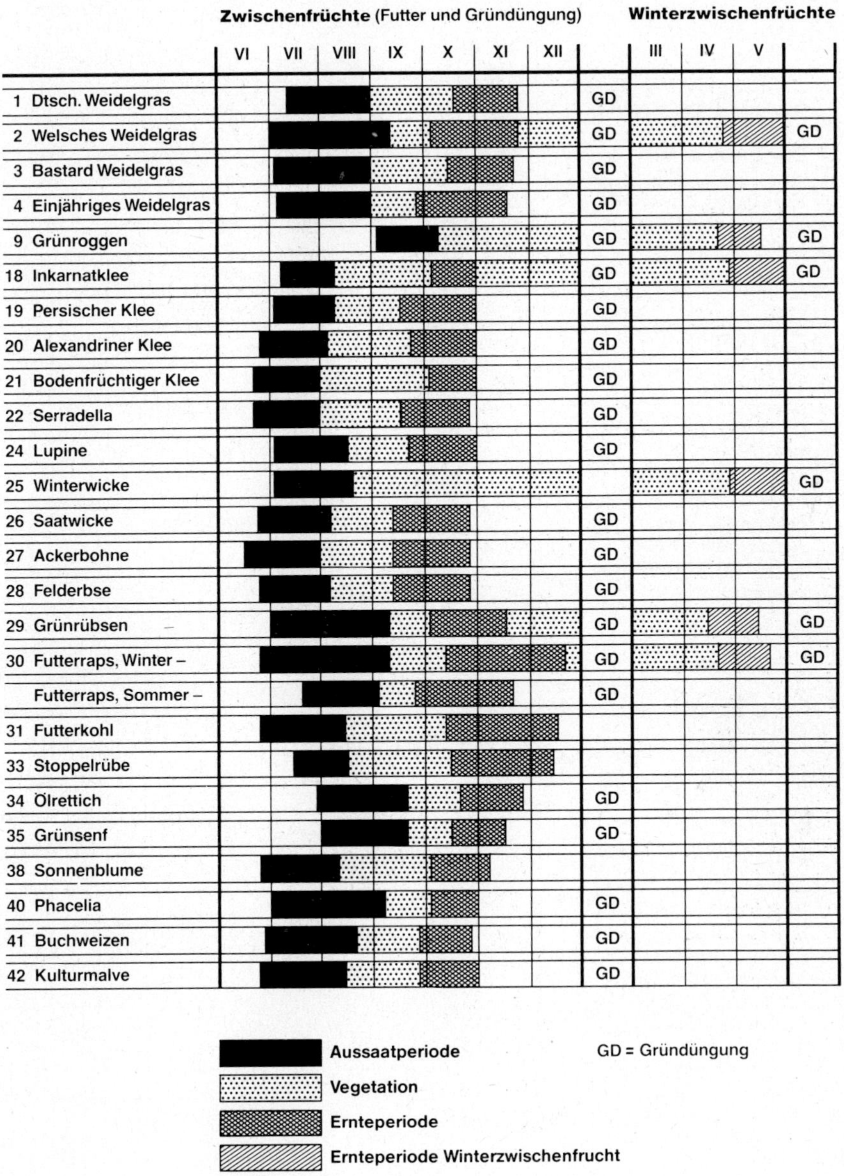

	Zwischenfrüchte (Futter und Gründüngung)								**Winterzwischenfrüchte**			
	VI	VII	VIII	IX	X	XI	XII		III	IV	V	
1 Dtsch. Weidelgras								GD				
2 Welsches Weidelgras								GD				GD
3 Bastard Weidelgras								GD				
4 Einjähriges Weidelgras								GD				
9 Grünroggen								GD				GD
18 Inkarnatklee								GD				GD
19 Persischer Klee								GD				
20 Alexandriner Klee								GD				
21 Bodenfrüchtiger Klee								GD				
22 Serradella								GD				
24 Lupine								GD				
25 Winterwicke												GD
26 Saatwicke								GD				
27 Ackerbohne								GD				
28 Felderbse								GD				
29 Grünrübsen								GD				GD
30 Futterraps, Winter –								GD				GD
Futterraps, Sommer –								GD				
31 Futterkohl												
33 Stoppelrübe												
34 Ölrettich								GD				
35 Grünsenf								GD				
38 Sonnenblume												
40 Phacelia								GD				
41 Buchweizen								GD				
42 Kulturmalve								GD				

Aussaatperiode

Vegetation

Ernteperiode

Ernteperiode Winterzwischenfrucht

GD = Gründüngung

Düngung

	Hauptfrüchte N	Hauptfrüchte P_2O_5	Hauptfrüchte K_2O	Zwischenfrüchte+ N
1 Deutsches Weidelgras	200—300*)	90—120	200—300	100
2 Welsches Weidelgras	300—400*)	90—120	200—300	80—120
3 Bastardweidelgras	200—300*)	90—120	200—300	80—120
4 Einjähriges Weidelgras	200—300*)	100—150	200—300	80—120
5 Glatthafer	200—300*)	90—120	200—300	
6 Knaulgras	200—300*)	90—120	200—300	
7 Wiesenschwingel	200—300*)	90—120	200—300	
8 Lieschgras	200—300*)	90—120	200—300	
9 Grünroggen	160—200*)	90—120	200—300	160—200
10 Grünhafer				100—200
11 Mais Silo-	150—200*)	120—180	200—280	
Grün-				120—130
12 Hirsen				80—100
13 Sudangras				100—150
14 Luzerne	30—40	150—200	200—300	30
15 Rotklee	30—40	150—200	200—300	30
16 Weißklee	30—60	80—100	120—180	30
17 Schwedenklee	30—60	80—100	120—180	30
18 Inkarnatklee				30—60
19 Persischer Klee	30—40	100—150	120—180	30—60
20 Alexandriner Klee				30
21 Bodenfrüchtiger Klee				30
22 Serradella				30
23 Esparsette	20—30	100—150	120—180	
24 Lupine				30—40
25 Winterwicke				30
26 Saatwicke				30
27 Ackerbohne				30
28 Felderbse				30
29 Grünrübsen				80—100
30 Futterraps	100—200	120—150	180—240	80—100
31 Futterkohl	140—250*)	120—150	200—280	100—140
32 Kohlrübe	140—200	100—120	300—480	100—140
33 Stoppelrübe				100—160
34 Ölrettich				60—100
35 Grünsenf				60—100
36 Futterrübe	180—250	120—150	320—480	
37 Futtermöhre	100—150	100—120	120—200	
38 Sonnenblume				80—100
39 Topinambur	100—120	80—120	120—180	
40 Phacelie				60—100
41 Buchweizen				60—80
42 Kulturmalve				60—100

+ Die PK-Düngung der Zwischenfrüchte wird bei der Bemessung der Grunddüngung der Hauptfrucht berücksichtigt.

*) in mehreren Gaben

Erträge, Grünmasse, Trockenmasse; Ernterückstände (davon Wurzelmasse)

	Erträge dt/ha				Ernterückstände dt/ha TM[1]			
	Grünmasse		Trockenmasse		Hauptfrucht		Zwischenfrucht	
	Hauptfrucht	Zwischenfrucht	Hauptfrucht	Zwischenfrucht	Gesamtmasse	Wurzelmasse	Gesamtmasse	Wurzelmasse
1 Deutsches Weidelgras	400—600	100—120	80—140	15—20	70—80	30—50	30	25
2 Welsches Weidelgras	700—1000	150—200	150—180	25—30	70—80	25—30	30—40	22—25
3 Bastardweidelgras	400—700		80—140		70	25—30		
4 Einjähriges Weidelgras	500—700	150—200	80—120	20—30	50—60	20—25	25—30	20—23
5 Glatthafer	600—800		130—140		60	20—30		
6 Knaulgras	600—800		100—150		70—80	30—50		
7 Wiesenschwingel	400—600—700		80—120—140		60—70	30—50		
8 Lieschgras	300—500—700		70—120—150		60—70	30—50		
9 Grünroggen		300—400		90			50	12—18
10 Grünhafer		260—320		50—70			20	10
11 Mais, Silo-	500—800	450—600[2]	110—160	80—100[2]	45—50	12—20	20	12
Grün-		300—500		60—80				
12 Hirsen		400		60—70				
13 Sudangras		200—500		80—100				
14 Luzerne	500—800		120—150—170		60—70	35—40		
15 Rotklee	600—800	150	110—150	30	40—50	20—30	20	12—15
16 Weißklee	300—700	120	30—50	20	20—40	15—30	20	12
17 Schwedenklee	150—600		40—100		20—25	10—20	20	10—15
18 Inkarnatklee		200—300		45—60			20—25	10—15
		110—120[3]		15—20[3]			10—12[3]	8—10[3]
19 Persischer Klee	300—700—800	150—200	50—100—120	20—25	30—40	10—15	10	8—10
20 Alexandriner Klee	300—600	130—200	60—90	20	25—30	10—15	10	8—10
21 Bodenfrüchtiger Klee		150—200		20				8—10
22 Serradella		150—300		15—20			8—10	8
23 Esparsette	130—270		30—65		15—20	8—10		
24 Lupine		200—500		20—50			15—20	10—15
25 Winterwicke	300	80—100	30—40	10—12	15—20	6—10	10	10
26 Saatwicke		200—300		30—40				
		150—200		15—20			10—15	8—10
27 Ackerbohne		200		30			20	14
28 Felderbse		200—400		35—40			10—15	8—10
29 Grünrübsen	300—500	200	35—48	12—15	20	10		
30 Futterraps, Winter-	300—500	200—350	45—60	30—35	28—30	19—20	12—15	10—12
Sommer-		300—350		35—40			20	8—10
31 Futterkohl	700—1000	300—600	80—130	40—80	25—45	8—10		8—10
	300—350[3]		35—40[3]					
32 Kohlrübe	600—1000 Kn	320	50—100	35	7	2		
	80—100 Bl							2
33 Stoppelrübe		500—700		50—60			7	2
34 Ölrettich		300—400		40—50			25	10—12
35 Grünsenf		100—250		35—40			12—15	8—10
36 Futterrübe	700—1200 Kn		120—180		6—10	4		
	300—400 Bl		30—50 Bl					
37 Futtermöhre	200—480		30—60		15—20	15		
38 Sonnenblume		200—500		40—70		15—25		
		280—300		40		10		
39 Topinambur	300—500		65—100				8—15	8—10
	80—200 Kn							
40 Phacelie		200—300		25—35			10—12	9—10
41 Buchweizen		100—240		30—40			15—18	4—5
42 Kulturmalve		250—300		30—35			18—20	15

[1]) gerundet
z. T. geschätzt

[2]) als Zweitfrucht
[3]) Vorschnitt

Kn Knollen
Bl Blatt

Futterwert (vorläufig)

	verdauliches Rohprotein (g)	Stärke-Einheiten	Netto-Energie-Laktation (MJ)	Rohfaser (g)
	in 1 000 Gramm Trockensubstanz			
1 Deutsches Weidelgras	125	616	6,25	208
2 Welsches Weidelgras	136	695	7,17	208
3 Bastardweidelgras	89	572	5,92	265
4 Einjähriges Weidelgras	113	615	—	218
5 Glatthafer	62	430	5,02	345
6 Knaulgras	90	495	5,18	306
7 Wiesenschwingel	88	546	5,69	287
8 Lieschgras	97	671	6,88	219
9 Grünroggen	96	582	6,04	301
10 Grünhafer	40	417	4,83	336
11 Mais Silo-	45	625	6,41	213
Grün-	63	548	5,60	276
12 Hirse	70	430	4,66	314
13 Sudangras	86	541	5,65	287
14 Luzerne	164	539	5,53	271
15 Rotklee	131	586	5,95	225
16 Weißklee	161	621	6,28	199
17 Schwedenklee	128	560	5,62	171
18 Inkarnatklee	120	534	5,70	287
19 Persischer Klee	152	651	6,73	216
20 Alexandriner Klee	147	562	5,81	245
21 Bodenfrüchtiger Klee	—	—	—	—
22 Serradella	129	424	4,47	272
23 Esparsette	138	541	5,62	246
24 Lupine	142	487	5,27	332
25 Winterwicke	157	461	4,74	272
26 Saatwicke	182	452	4,88	283
27 Ackerbohne	127	479	5,02	247
28 Felderbse	158	548	5,93	307
29 Grünrübsen	159	662	6,84	197
30 Futterraps Grün-	172	659	6,73	192
Sommer-	187	699	7,19	135
31 Futterkohl (Markstammkohl)	92	616	6,35	181
32 Kohlrübe Rüben	83	634	8,43	108
Kohlrübe Blätter	171	675	6,93	125
33 Stoppelrübe	149	516	5,18	136
34 Ölrettich	136	539	5,55	225
35 Grünsenf (weißer)	123	507	5,31	295
36 Futterrübe	42	585	7,91	67
37 Futtermöhre	67	608	7,74	91
38 Sonnenblume	82	497	5,13	237
39 Topinambur	30	495	5,16	255
40 Phacelie	116	474	4,87	234
41 Buchweizen	103	517	5,40	272
42 Kulturmalve	142	503	5,27	291

Die Werte beziehen sich auf den 1. Aufwuchs

VI. Literaturverzeichnis

1. Agrarbericht 1980: Bundesministerium für Landwirtschaft und Forsten.
2. Akademie der Landwirtschaftswissenschaften: Industriemäßige Produktion von Futter. Deutscher Landw. Verlag, Berlin 1977.
3. Bayerische Futtersaatenbauvereinigung GmbH, München: Feldsaaten-Katalog 1979.
4. Bayerische Landesanstalt für Bodenkultur und Pflanzenbau, Freising-Weihenstephan: Versuchsergebnisse Futterpflanzen und Grünland II. Teil 1979.
5. Beckhoff, J.: Futterroggen eine ideale Vorfrucht für Silomais, Ldw. Zeitschrift Rheinland Nr. 13, 1976.
6. Beckhoff, J.: Silierung der Zwischenfrüchte Raps und Rübsen. Das wirtschaftseigene Futter Bd. 22, Heft 3/4, 1976.
7. Beckhoff, J.: Über das Trocknungsverhalten von diploiden und tetraploiden Weidelgräsern, Kali-Briefe, Fachgebiet 4, 1975.
8. Bundessortenamt: Beschreibende Sortenlisten 1978/80. Alfred Strothe Verlag, Hannover.
9. Deutsche Saatveredelung Lippstadt-Bremen GmbH: Futterbau und Verwertung wirtschaftseigenen Futters. Die grüne Saat Nr. 7, 1974.
10. Deutsche Saatveredelung Lippstadt-Bremen GmbH: Futterbau- und Zwischenfruchtbau-Vorschläge 1980.
11. DLG-Futterwerttabellen: (Arbeiten der DLG Bd. 18), 4. Auflage, DLG-Verlag, Frankfurt/M., 1968.
12. Esser, J.: Anbaurichtlinien für den Zwischenfruchtbau. 2. Auflage, Landwirtschaftsverlag Hiltrup, 1957.
13. Fischer, W.: Lütke Entrup, E.: Die wichtigsten Gräser. Parey, 1973.
14. Klapp, E.: Futterbau und Grünlandnutzung. 6. Auflage, Parey, 1957.
15. Köhnlein, J., Vetter, H.: Ernterückstände und Wurzelbild. Parey, 1953.
16. Landesanstalt für Ökologie, Landschaftsentwicklung und Forstplanung in Kleve-Kellen: Vergleichsanbau von Zwischenfruchtarten und -sorten für Grünfutterzwecke 1978.
17. Landwirtschaftskammer Rheinland: Berichte über Ergebnisse von Futterbauversuchen, Gruppe Landbau 1979.
18. Landwirtschaftskammer Westfalen-Lippe: Berichte über Feldversuche 1978 für die Landwirtschaft.
19. Landwirtschaftskammer Weser-Ems: Grünland und Futterbau. Versuchsergebnisse 1975—1979.
20. Landesamt für Ernährung, Landwirtschaft und Landentwicklung, Kassel: Ergebnisse von Versuchen mit Futterpflanzen in Hessen 1979.
21. Landwirtschaftskammer Schleswig-Holstein: Landessortenversuche 1979.
22. Landwirtschaftskammer Hannover: Landessortenversuche mit Futterrüben 1979.
23. Landwirtschaftsämter Baden-Württemberg: Versuchsergebnisse 1976 bei Rotklee.
24. Nehring-Lüddecke: Ackerfutterpflanzen. Deutscher Landwirtschaftsverlag, Berlin 1971.

25. Renius, W.: Der Zwischenfruchtbau. DLG-Verlag, Frankfurt/M. 1961.

26. Renius, W.: Futterzwischenfruchtbau. Die Milchpraxis. Hameln 1975.

27. Rivro: 55. Beschrijvende Rassenlijst voor landbouwgewassen 1980.

28. Ruhr-Stickstoff AG, Bochum: Rentabilität mit Rustica-Mais. Broschüre Problemlösungen mit Rustica.

29. Ruhr-Stickstoff AG, Bochum: Faustzahlen für Landwirtschaft und Gartenbau. 9. Auflage, 1980.

30. Saaten-Union, Hannover: So baut man Mais. Broschüre 1978.

31. Voigtländer, G.: Futterproduktion im Hinblick auf die Konservierung. Institut für Grünland in Freising-Weihenstephan.

32. Wagner, F.: Anbauformen des Feldfutterbaues. Hessische Lehr- und Versuchsanstalt, Eichhof.

33. Wellmann-Hübner-Ziegenbein: Feldfutterbau als Hauptfrucht. DLG-Verlag, Frankfurt/M. 1964.

Notizen

Bisher erschienene Ausgaben der Landwirtschaftlichen Schriftenreihe

BODEN UND PFLANZE

Titel	Autoren	Ersch.-Datum
Heft 1 Steigerung und Erhaltung der alten Kraft des Bodens	Prof. Dr.-Ing. habil. L. Schmitt	Februar 1951 (vergriffen)
Heft 2 Steigerung und Ertragsleistung durch verbesserte Betriebsorganisation	Prof. Dr. H. G. Kahsnitz, Kiel	Juli 1952 (vergriffen)
Heft 3 Studie über das Düngemittel Schwefelsaures Ammoniak	Direktor Friedrich Nieschlag, Landw. Untersuchungsamt und Versuchsanstalt Oldenburg	Dezember 1953 (vergriffen)
Heft 4 Betriebswirtschaftliche Untersuchungen über den Handelsdüngeraufwand im Bundesgebiet	Dr. A. Nieschulz und Dr. K. Padberg, Bonn	Dezember 1954 (vergriffen)
Heft 5 Der Stickstoff und das Leben	Prof. Dr.-Ing. habil. L. Schmitt	März 1956 (vergriffen)
Heft 6 Stand und Aussicht der Düngerwirtschaft im Bundesgebiet	Dr. A. Nieschulz, Bonn, Dr. P. Schühly, Bochum	Mai 1957 (vergriffen)
Heft 7 Erträge deutscher Dauerweiden	Prof. Dr. A. H. Könekamp, Dr. W. Blattmann, Dr. F. Weise und Dr. A. Gutmann	August 1959 (vergriffen)
Heft 8 Die moderne Grünlandwirtschaft in den Niederlanden	H. van der Molen, Den Haag, J. Koelstra, Sneek, A. de Winter, Sneek	November 1959 (vergriffen)
Heft 9 Unsere Gräser im Futter- und Samenbau	Dr. K. Bürger, Dr. K.-H. Beuster, Dr. G. Herforth, E. Terkamp	November 1961 (vergriffen)
Heft 10 Beurteilung und Düngung von Moor und Anmoor	Prof. Dr. W. Baden	November 1961 (vergriffen)

Titel	Autoren	Ersch.-Datum
Sonderheft Lohnt die Grünland-Intensivierung?	Dr. J. Quade	Dezember 1963
Heft 11 Qualität im Getreidebau	Prof. Dr. P. F. Pelshenke, Dr. P. W. Kürten, Dr. F. Roebers, Dr. W. Ganßmann	Juni 1964
Heft 12 Bodenfruchtbarkeit ohne Stallmist?	Prof. Dr. E. v. Boguslawski und Dr. J. Debruck, Dozent Dr. W. Jahn-Deesbach, Dr. J. Quade	Juni 1965 (vergriffen)
Heft 13 Leistungsfähige Fruchtfolgen trotz Rationalisierung?	Prof. Dr. H. Vetter Dr. E. Paris	November 1967
Heft 14 Schwefel Natrium Magnesium	Dr. E. Saalbach Dr. K. Würtele Dr. P. Kürten, Dr. H. Aigner	Juni 1970
Heft 15 Handhabung und Lagerung loser Düngemittel	Dr. J. Quade	Mai 1971
Heft 16 Die Flüssigdüngung	J. Norden, P. Schmidt	September 1974
Heft 17 Veredlung der Kartoffel	B. Putz, Dr. F. Roebers,	Juli 1976

BODEN - PFLANZE - TIER

Heft 18 Fumarsäure in der Tierernährung	Prof. Dr. Heinrich Brune, Dr. Siegfried Buntenkötter, Prof. Dr. Karl Günther, Dr. Siegfried Harnisch, Dr. Karl-Heinrich Hoppenbrock, Prof. Dr. Manfred Kirchgessner, Dr. Friedhelm Koch, Dr. Siegfried Matthes, Prof. Dr. Josef Pallauf, Ing. agr. grad. Franz Ploenes, Dr. Franz Xaver Roth, Dr. Werner Ruch, Prof. Dr. Rüdiger Seibold, Prof. Dr. Hermann Vogt	April 1979